本研究得到了湖北省教育厅省级教学研究项目的资助（No. 2020806)

新工科背景下计算机专业课程
思政教学改革与实践研究

丁 洁 著

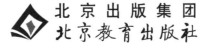
北京出版集团
北京教育出版社

图书在版编目（CIP）数据

新工科背景下计算机专业课程思政教学改革与实践研究 / 丁洁著 . -- 北京：北京教育出版社 , 2024.1
ISBN 978-7-5704-6005-2

Ⅰ . ①新… Ⅱ . ①丁… Ⅲ . ①高等学校—思想政治教育—教学改革—研究—中国 Ⅳ . ① G641

中国国家版本馆 CIP 数据核字 (2023) 第 227336 号

新工科背景下计算机专业课程
思政教学改革与实践研究

丁　洁　著

*

北 京 出 版 集 团
北京教育出版社　出版
（北京北三环中路 6 号）
邮政编码：　100120
网址：www.bph.com.cn
京版北教文化传媒股份有限公司总发行
全国各地书店经销
河北宝昌佳彩印刷有限公司印刷

*

710 mm×1 000 mm　16 开本　13 印张　213 千字
2024 年 1 月第 1 版　2024 年 1 月第 1 次印刷
ISBN 978-7-5704-6005-2
定价：78.00 元

前　言

　　国家大力推进新工科建设与发展的进程，其最终目的是为中国新经济发展培养高质量人才。但是高质量人才并不足以支撑中国经济与社会持续、高质量地发展。因此，随着国际新科技和新产业的加速变革，深化落实"立德树人"这一根本任务就成为新工科背景下高校人才培养的一项重要任务。计算机专业作为新工科所属专业，全面加快课程思政教学改革步伐，并在实践中呈现理想的教学效果无疑成为高等教育高质量发展关注的焦点。为此，本书从以下七部分展开全面而深入的研究。

　　第一章主要对新工科与课程思政建设背景进行分析。本章在对新工科建设的提出和新工科建设与发展的历程进行详细介绍和分析的基础上，对课程思政的提出与发展历程进行了深入阐述，以此明确在新工科建设与发展的大背景之下，计算机专业课程思政教学改革不仅是大势所趋，更是当务之急。

　　第二章主要对新工科背景下计算机专业课程思政教学改革的意义与价值进行深度论述。本章主要围绕课程思政教学改革推动全面落实"三全育人"、课程思政教学改革推动课程思政教学理念的丰富与发展、明确计算机专业课程教学"培养什么人"、厘清计算机专业课程教学"怎样培养人"、认清计算机专业课程教学"为谁培养人"五个方面进行系统的分析，从而充分彰显新工科背景下计算机专业课程思政改革的迫切性。

　　第三章主要对新工科院校计算机专业课程思政教学改革的相关理论基础进行系统论述。本章主要围绕人的全面发展思想、有效教学理论、隐性教育理论、建构主义学习理论、布卢姆认知体系等理论研究成果进行论述，以夯实新工科背景下计算机专业课程思政教学改革的理论基础，确保其改革后的实践路径具有理论层面的可行性。

第四章主要对新工科背景下计算机专业课程思政教学改革的侧重点进行深度分析，确保新工科背景下计算机专业课程改革实践路径的构建能够牢牢把握重点。本章包括进一步明确专业课程作为课程思政教学的主阵地、坚持课程思政教学施教主体的多元性、高度明确隐性教育作为课程思政教学的主要方式、全面开展课程思政过程性教学评价工作四个部分。

第五章主要对新工科背景下计算机专业课程思政教学改革的方案进行系统设计，以此确保新工科背景下计算机专业课程思政教学改革实践工作的深入开展可以拥有一套系统性实施方案。本章包括依据工程专业认证标准确立计算机专业人才培养方案体系，立足情怀、素养、意识、修养四方面确立教学目标体系，通过深入贯彻"三全育人"理念实现深度开发教学载体，依托"立德树人"理念充分延展教学内容体系，围绕"以学生为中心""产出导向""持续改进"三个视角探索教学方法，制定产学合作协同育人新机制六个部分。

第六章主要对新工科背景下计算机专业课程思政教学实践路径进行系统化构建，确保新工科背景下的计算机专业课程思政教学效果的最优化。本章作为全书的重中之重，包括全方位提升职能部门和专业教师课程思政教学理念、建立"五维"课程思政教学目标体系、将"全课程"作为课程思政教学载体、围绕课程思政教学目标确立教学内容体系、利用线上教学平台推送课程思政资源、打造多主体和多形式授课的课程思政教学全过程、通过全过程激励和多元评价促进教学的持续改进与创新等内容。

第七章对新工科背景下计算机专业课程思政教学改革与实践的未来发展提出展望。本章对教学改革持续增强学生主流意识的认同感教育、持续深挖和实时更新思政元素、教学实践深度聚焦国家新需求、教学实践更深层次强调显性和隐性教育的互补性、依托循序渐进原则实现成果全面推广等方面进行深入阐述，让新工科背景下的计算机专业课程思政教学的未来发展空间能够得到全面而深入的挖掘。

2023 年 8 月

目　录

第一章　新工科与课程思政建设背景分析

新工科和课程思政建设与发展是中国新经济时代发展大环境下，有效应对新一轮科技变革和产业变革，全面加快新时代中国经济与社会发展脚步的两项重要举措。其中，课程思政建设的提出相对较早，是我国高等教育高质量地培养高素质人才的关键；而新工科建设的提出则是在 2017 年，是《中国制造 2025》（国家行动纲领）全面深化落实的重要举措，也是我国新兴领域工程科技人才全面培养的关键。本章内容就立足于新工科建设的提出、新工科建设与发展的历程分析、课程思政的提出、课程思政发展的历程概述这四个方面，对新工科与课程思政建设背景进行系统的分析。

第一节　新工科建设的提出

新工科建设作为新时代中国发展战略的重要组成部分，是为了全面应对新一轮科技变革和产业变革，全面加快中国新经济增长步伐的一项战略举措。这也充分说明新工科建设的提出，既有战略需要和现实需要作为支撑，又有明确的时代背景为之提供支持。对此，本节将围绕新工科建设的提出进行系统论述。

一、新工科建设的提出背景

早在 2016 年 6 月，中国正式成为国际工程教育本科专业学位互认协议《华盛顿协议》的第 18 个成员国，这无疑也让中国工程教育发展迎来前所未有的机遇。然而，机遇与挑战通常并存，所以在此之后中国工程教育发展也面临着极为严峻的挑战，特别是在工业 4.0 时代、工业互联网时代、《中国制造 2025》规划全面开启的大背景之下，加快新工科建设步伐是必然趋势，这也是中国新工科建设提出的战略背景。

在中国工程教育发展道路中，新工科建设是一种必然趋势，也是中国工程教育改革所必须选择的新方向。中国高等教育学会副会长张大良就从战略层面对新工科提出的背景进行了剖析，他认为中国工程教育深化改革显然能够对中国新技术、新业态、新产业、新模式的形成起到关键性推动作用，并且是中国新经济蓬勃发展的核心动力。其必然会全面加快中国经济转型与升级的步伐。在中国新经济发展道路中，各项核心技术的全面突破是决定性条件，新工科建设道路势必会将核心技术人才高质量培养作为重中之重，这样中国在未来社会才能真正融入并领导全球创新生态系统，让自身先发优势得以充分发挥。

教育部高校学生司副司长吴爱华则立足于经济发展视角，对新工科建设的提出背景进行了概括：中国新经济的快速发展必然有新工科人才的有力支撑，所以加快建设新工科成为中国新时代经济发展的迫切需要。

中国农业大学党委书记钟登华从中华民族伟大复兴的角度出发，对新工科建设提出的背景作出明确阐述：新工科建设与国家经济和社会发展有着直接关系，同时更直接影响着中华民族伟大复兴的实现，不仅是新时代中国战略发展的切实需要，更是中国全面提升国际竞争力的切实需要，这些显然都在呼唤着中国新工科建设与发展。

浙江水利水电学院党委副书记华尔天认为，中国正式加入《华盛顿协议》意味着必须开启新工科创新人才培养之路，而在全国范围内开启新工科建设工作是中国工程教育发展的历史必然。

综合以上观点可以看出，我国新工科建设提出的时代大背景是以新一轮科技革命、工业革命、产业革命、新经济发展、新起点的到来等多个方面为基础的，而全面突破工程教育发展的瓶颈则是新工科建设提出的现实背景所在。

二、新工科建设提出的目的

教育部提出大力推进新工科建设，最根本的目的在于通过高质量的新工科人才培养，有效应对新时代背景下新经济发展所提出的严峻挑战，进而为深化落实国家战略和全面满足产业发展需求提供强有力的保障，让中国经济的未来发展能够迈上新的高度。

结合上述新工科建设提出的最根本目的，可以看出新工科建设与发展显然先要满足新经济发展所提出的新要求。其中，新经济的"新"主要体现在以科技创新为主体的产业发展，新要求中的"新"则体现为人才不仅要具备创新能力，更要具备助力中国经济有效应对当今时代经济发展所提出新挑战的意识。因此，新工科建设是持续深化工程教育改革，不断培养新型工程类高素质、高质量人才的一项伟大行动，是全面推进新时代中国经济与社会发展的关键性条件。

三、新工科建设的概念

教育部在提出新工科建设的同时对其概念也作出了详细界定，即新工科建设是面对世界新经济变革和新产业变革，更好地服务于国家战略实施和满足当代产业需求，将未来中国经济发展推向新高度所采取的一项战略措施。新工科建设是以"卓越工程师教育培养计划"为基础，针对工程教育进行重大改革的一项行动计划，不仅反映出工程教育时代发展新特征的核心内涵，而且体现出多学科之间相互交融、多主体全程参与、学科设计范围极广的特点。

根据教育部已给出的"新工科建设"概念界定，可以从中体会到新工科建设的最终目的在于全面培养新兴领域工程科技人才，既要求人才具有高度的科技创新思维和能力，又要求人才具备推动产业转型升级的意识，从而为全面加快新时代中国经济与社会高质量发展步伐贡献出自己的一份力量，充分诠释了新工科建设的时代意义和价值，深刻体现了新兴领域工程科技人才的高素质和高质量。

四、新工科建设的基本思路

教育部在提出大力推进新工科建设的同时也给出了建设过程的基本思路，这无疑为新工科建设与发展提供了方向和路径上的指引。该基本思路首先明确了新时代中国经济与社会发展所面临的严峻挑战；其次，对新工科建设的基本定位予以高度明确，进而为新工科建设之路指明了方向；再次，对新工科建设的基本内涵及新工科建设的必要条件予以高度明确，从而让新工科人才培养拥有极为明确的方向，即培养新兴领域工程科技人才；最后，对新工科建设的基本理念、基本标准、基本模式、基本方法、基本技术、文化建设等领域进行深入的挖掘，从而让新工科人才培养之路始终能够以科学技术创新发展为导向、以满足产业需求为目标、以推动新时代中国经济与社会发展为主要责任，实现专业跨界交叉融合并引领时代与社会发展。

五、新工科建设的基本计划

教育部在提出全面加快新工科建设步伐的同时明确了具体实施的基本计划，该基本计划具有极强的系统性和科学性，主要分三步走。其中，第一步是明确总体方案，第二步是建设新工科联盟，第三步是明确新工科建设的主要院校。新工科建设的基本计划见表 1-1。

表 1-1 新工科建设的基本计划

基本步骤	具体操作	操作内容
第一步	明确总体方案	拓展实施"卓越工程师教育培养计划 2.0"
		适时增加新工科专业点
		在产学研协同项目中设置"新工科专题"
		筹集并统筹使用专项经费
		建设"双一流"高校,将新工科研究与实践项目纳入建设方案
		拓宽新工科建设经费渠道
		将新工科建设纳入地方产业发展和人才发展规划序列
第二步	建设新工科联盟	信息技术新工科产学研联盟
		广西高校新工科研究与实践联盟
		山西省高等学校新工科建设联盟
		天津市新工科教育联盟
第三步	明确新工科建设的主要院校	北京大学、清华大学、复旦大学、天津大学、浙江大学、哈尔滨工业大学、北京航空航天大学、上海交通大学、大连理工大学、厦门大学、北京科技大学等 300 余所新工科建设高等院校

第二节 新工科建设与发展的历程分析

从近十年中国经济与社会发展的现实情况出发,"逐年升高"已经成为最直接和最客观的概括,党和国家领导人在这一发展趋势正式形成之前就已经作出了一系列的战略部署,最终成就了中国经济与社会的可持续、高质量发展。其中,2014 年开始的新工科建设工作是成就当今中国经济与社会发展的一项重要举措,在近十年的发展中经历了诸多重大事件,并收获了诸多令世界瞩目的伟大成果。下面将对中国新工科建设与发展的历程作出具体论述。

一、新工科建设的起源

在新时代中国经济与社会发展的大背景之下，党和国家领导人为了有效应对新一轮科技变革与产业变革所提出的新挑战，制定了全面建设新工科的战略方针。该战略方针的深化落实在 2017 年实现了重大突破。

2017 年 2 月 18 日，一场关于综合类院校工程教育发展的研讨会在复旦大学正式召开，全国 40 所具有影响力的综合性院校参加了此次会议，并且将"新工科"作为核心概念进行了全面的讨论，在此次会议后这一新概念也成为高等教育领域关注的焦点。教育部随之针对新工科建设"复旦共识"进行了全面而深入的解读，从而使"新工科"概念的内涵、特征、建设路径的选择得到高度明确，同时让更多的高等教育工作者深刻意识到新工科建设是全面实现《中国制造 2025》战略目标的重要支撑条件。显然，"复旦共识"是新工科建设全面开展的历史节点。

2017 年 4 月 8 日，全国 60 余所高校会聚天津大学，对新工科建设研究与实践的下一步行动部署进行了深入探讨，并在该会议中制定出《"新工科"建设行动路线》（以下简称"天大行动"）。此次会议明确指出，中国正在面临新一轮科技变革和产业变革所提出的新挑战，而当下的中国也开启了经济发展新常态，高等教育发展自然也要与之保持同步，进一步加快新工科建设的步伐已经成为当务之急，必须有一条极为明确的行动路线。

2017 年 6 月 9 日，来自全国的新工科研究与实践专家组成员汇聚北京，在北京会议中心召开了第一次工作会议。与会专家在共同审议研究与实践成果报告后，通过了《新工科研究与实践项目指南》（以下简称"北京指南"）。该会议高度明确了工程教育在中国高等教育中占据着重要地位，高质量、高素质的工程科技人才是全面推进国家科技创新和产业结构转型升级的中坚力量，而这也正是当今时代新工科建设的意义与价值的具体体现，新工科建设步伐也由此实现全面加快。

综上所述，"复旦共识""天大行动""北京指南"对中国新工科建设与发展有着重要的指引作用。

二、新工科建设大事件

"复旦共识"会议的召开无疑对中国新工科建设具有划时代的意义，该会议一共达成了九项共识，为新工科建设的又好又快发展开启了新征程。首先，该会议明确了中国高等工程教育改革与发展已经进入崭新的发展阶段，不仅要面对严峻的考验，更要肩负前所未有的使命和任务。其次，该会议明确了世界高等工程教育也在积极应对新时代所带来的新机遇和新挑战，并且针对发达国家在高等工程教育方面所提出的具体战略和所采取的措施，提出新时代背景下中国高校高等工程教育必须加快新工科建设与发展的步伐。再次，该会议明确指出中国工科院校和工科专业要充分发挥出优势，成为工程科技创新和产业创新发展的主体。在综合性院校工程专业发展过程中，要不断强化对新技术和新产业的孕育和引领作用，并且能够为地方新兴产业发展和加快产业结构转型升级提供重要的支撑条件。最后，该会议还明确倡议地方各级人民政府应不断加大对新工科建设与发展的支持力度，积极倡导和鼓励地方社会力量全力参与新工科建设，积极与国内外知名高校开展关于新工科建设与发展方面的交流与探索，不断积累成功经验，确保新工科建设与发展研究与实践成果最大化。

2017 年 2 月 20 日，《教育部高等教育司关于开展新工科研究与实践的通知》发布，这标志着新工科建设已经在教育部正式立项，同时对新工科建设研究工作和实践工作的主要内容、组织方式、时间安排、牵头单位、主要负责人进行了全面部署和周密安排。

此后，新工科研究与实践专家组成立后的第一次会议于 2017 年 6 月 9 日在北京召开，并且审议通过了"北京指南"。具体而言，就是要在全国范围内建设一批新型高水平理工大学；建设一批由多主体共建、共管的产业化学院和新兴产业发展所急需的新兴工科专业；围绕建设的理工类大学、产业化学院和新工科专业人才培养目标，打造出能够充分展现产业和技术最新发展的专业课程；在课程中建设出集教育、培训、研发于一体的实践平台；全面建设一批工程实践能力极强、专业水平极高、思想价值观念过硬、理想信念坚定的教师队伍，确保新工科专业人才能够充分了解自身为什么选择新工科专业、应该怎样从事专业领域学习、未来应以怎样的视角去面对自身发展。此次会议还强调了新型理工科大学、产业学院、新兴工科专业要积极投身于科学课新技术研发平台和地方产业技术创新服务平台的建设工作之中，让新工科建设与改革的成果能够在全国范围内得到大力推广。

新工科建设在经历上述重大事件之后，随即得到了全国各地的积极响应，各地方人民政府不断加大新工科建设的投入力度。例如，广东省教育厅全面召开"具有广东特色新工科建设与发展模式研讨会"，全力深化落实"复旦共识""天大行动""北京指南"的号召，并将成果进行积极推广，进而推动中国新工科建设、改革、发展的不断深化。

三、新工科未来发展

面对新时代中国所处的发展大环境，新一轮科技变革与产业变革正在不断推进，新兴科技领域成为中国经济的新增长点，未来必然成为中国经济发展的新生力量。为有效应对新一轮科技变革与产业变革所提出的新挑战，全面加快新工科建设与发展步伐，并全面培养战略性新兴人才成为新工科未来发展的主要方向。

在这里，需要先明确什么是"新工科"。当今时代，"新工科"作为中国特色社会主义教育事业所取得的一项伟大成就，其基本范畴是指新兴产业。新工科专业主要是指新兴产业的专业、以互联网和工业智能为核心的相关专业（如大数据、云计算、人工智能、区块链、虚拟现实、智能科学与技术等工科专业），旨在为国家、民族、社会培养出新兴产业和新经济发展所需的高质量、高素质的复合型新工科人才。

从"新工科"的实质角度进行分析，"新工科"着重体现的是"新"字，具体表现在学科之间的相互交叉、科技与教育之间的相互融合、学校与企业之间的全面合作、协同育人理念的全面深化，以确保高质量、高素质的专业人才能够得到广阔发展空间，进而推动民族与社会的又好又快发展，为实现中华民族伟大复兴的中国梦提供强有力的支撑。

为了更好地保障国家新兴战略的全面、深化落实，新工科未来发展应高度响应国家战略发展号召，并结合国家对新工科人才的具体需求，不断完善专业人才培养方案。其中，学校日常专业课程教学活动应联合行业协会，共同开展新工科领域岗位技能学习活动，建立一套较为完整的实践、培训、认证体系，确保新工科专业人才培养不仅具备行业领军力量，引导专业人才培养方向，更具备高质量师资队伍，为专业人才未来发展提供正确指引；确保新工科专业人才培养始终在知识、技能、能力、素养、思想价值观念、道德观念方面不断强化，最终实现人才始终服务于国家经济与社会的高质量发展。

第三节　课程思政的提出

"课程思政"作为新时代高等教育人才培养的重要理念，是在中国共产党第十八次全国代表大会所确立的"将立德树人作为教育的根本任务"这一背景之下提出，对中国高校育人理念、育人模式、育人机制的全面深化至关重要，对中国高等教育高质量发展发挥着不可替代的作用。本节从课程思政认识的起源、初步形成、全面深化、全面成型四个阶段入手，对课程思政从无到有的历程进行系统的论述。

一、课程思政认识的起源与初步形成阶段

2016 年，全国高校思想政治工作会议的胜利召开，标志着中国高等教育思想政治教育体系的建设步入历史新阶段。此次会议对高校如何高质量开展思想政治教育工作，切实完成立德树人这一根本任务作出了明确的战略部署；进一步强调高校思想政治教育工作要高质量运行，要始终用好课堂教学这一主要渠道，让思想政治理论课能够始终保持在改进中加强，让教育过程不仅具有针对性，更能体现出亲和力，让学生在学业中的成长需要和发展需求能够最大限度得到满足；明确指出其他各门课程都要为学生思想、价值、道德观念的正确形成坚守好一段渠、种好责任田，也就是说，其他各门课程的教学活动不仅要将专业课程知识有效传递、技能强化、能力培养作为主要的教学任务和目标，更要将对学生思想、价值观、道德观的正确引领作为重要的教学任务和目标，各门课程与思想政治理论课程的教学工作始终保持同向性和同步性，产生协同育人效应。

从对此次会议精神的阐述中可以看出，高校思想政治教育工作的全面开展要始终以"立德树人"为中心，一切教育教学活动都要以完成这一根本任务为使命。同时，此次会议对"如何探寻高校思想政治教育全面落实立德树人理念"这一问题给出了明确方向。这无疑为思想政治教育实践活动的提质增效提供了重要指向，高校人才培养也必将呈现出高质量发展的良好局面。

综合上述观点可以看出，此次会议充分呈现出课程思政的主体、地位、作用、内容、特征、功能、影响，让课程思政在高等教育领域传播开来，广大高校开始对其加以重视，而这正是课程思政认识的起源所在。在之后的两

年中，高校不断积极探索课程思政建设与发展的路径，同时将其经验进行全面的总结，进而使广大高校关于课程思政的认识初步形成，这必将为其在高等教育人才培养方面的不断深化打下坚实基础。

二、课程思政的全面深化阶段

2017 年，中国共产党第十九次全国代表大会的胜利召开，对高等教育人才培养提出了更为明确的要求，指出高等教育人才培养全过程必须坚定不移地全面贯彻党的教育方针，将"立德树人"作为高校人才培养道路上的一项基本任务。其间，要全力动员一切可以动员的力量，要将"立德树人"各个细节不断细化，要对各项措施不断进行部署、再部署，以此确保高校人才培养的过程与结果始终保持高质量。

2018 年 5 月 12 日，习近平总书记在北京大学师生座谈会上发表重要讲话，明确指出中国共产党的教育方针，以及各级各类学校人才培养的重要使命，并对教育"培养什么人"这一问题给出了明确答案。这对中国高等教育未来发展显然有着历史性的意义，对高等教育高质量人才培养具有重要作用。

高校作为中国高质量人才培养的"前沿阵地"，也是培养中国特色社会主义建设者和接班人的摇篮。高校只有深刻认识到这一点，才能真正在习近平新时代中国特色社会主义建设中发挥重要的作用，才能真正办出具有中国特色的世界"双一流"大学。在此过程中，"怎样培养高质量人才""怎样培养中国特色社会主义建设者和接班人"这两个焦点问题引发了广大专家和学者的深度思考。

北京大学师生座谈会针对上述两个焦点性问题给出了明确答案，即要将"立德树人"充分内化于学校各项工作之中，并且做到每个领域、每个方面、每个细节都始终以"立德树人"为根本宗旨，让高校建设与发展始终保持"以德立身""以德立学""以德施教"的发展姿态。这显然是党的教育方针最为真切的体现，为高校在新时代的建设与发展指出了明确方向。

综上所述，从中国共产党第十九次全国代表大会的胜利召开，到 2018 年北京大学师生座谈会的胜利召开，中国高等教育的主要目标与主要任务已经得到了高度明确，"培养什么人"这一问题已经有了明确答案，这既为刚刚兴起并且在实践中不断探索的课程思政建设提供了明确指向，也为其大力建设和发展注入了新的力量，进而使中国高校对课程思政的认识得到了进一步深化，其意义和价值在高校课程思政建设与运行中逐渐得到体现。

该阶段中国高校的课程思政建设与发展，不仅为高校高质量人才培养夯实了基础，更为高校课程思政体系建设提供了理想的前提条件，课程思政建设与发展经过这一发展时期必将达到新的高度。

三、课程思政认识的全面成型阶段

2018 年 9 月 10 日，全国教育大会在北京召开。作为全国性教育会议，全国教育大会自 1979 年后共举办五次，此次，是新时代首次全国教育大会，其历史意义自是不言而喻。该会议系统地回顾了中国共产党第十八次全国代表大会胜利召开之后，中国教育事业发展所取得的一系列伟大成就，高度总结出伟大成就产生的主要原因——"九个坚持"，并且将中国教育发展的规律性认识上升到新高度，让中国高等教育的未来发展有规律可循。

此次会议强调教育是"国之大计""党之大计"，是中华民族实现伟大复兴之本，建立一套德智体美劳全面发展的人才培养体系是教育实现高质量发展的必由之路。要将立德树人深层次地融入思想道德、文化知识、社会实践教育活动，并且贯穿于基础教育阶段、职业教育阶段、高等教育阶段的各个领域，形成以立德树人为理念的学科体系、教学体系、教材体系、管理体系，确保学生走向全面发展之路。

在上述领域和各项工作细节中，一切有利于贯彻落实"立德树人"这一根本任务的因素都要结合工作实际进行深度分析，将极具可行性的做法作为相关工作全面开展的方法，从而充分彰显中国特色社会主义教育的先进性，为中国特色社会主义事业的建设与发展源源不断地输送高质量人才，助力中华民族伟大复兴的实现。

此次会议的召开，高度明确了新时代中国教育"为谁培养人"的问题。不断培养拥护中国共产党的领导和中国特色社会主义制度，以及立志为中国特色社会主义事业奋斗终身的人才是新时代中国教育的任务所在，也是中国教育在当今时代乃至未来社会发展道路上的一项伟大使命，更是每一位教育工作者在教育事业发展道路上的奋斗目标。

综上所述，2018 年是中国高等教育发展之路上极不平凡的一年，其意义在于不仅为高等教育发展绘制了一张宏伟的蓝图，更为高等教育在新时代发展指明了方向和确定了路径。而这无疑为中国高等教育课程思政建设与发展提供了极为重要的理论依据，并且让课程思政能够成为高等教育全面深化"立德树人"理念的极为有力的抓手，广大高等教育工作者对高等教育课程思政运行机制的认识就此成形，直至今日依然在不断改革、优化、调整。

第四节　课程思政发展的历程概述

"课程思政"是上海市委、市政府于2014年提出的，至今已经历九年的建设与发展。其在发展历程中经历了数不尽的艰辛，也取得了诸多令世人瞩目的发展成果。其发展历程遵循事物发展的一般规律，经历了萌芽期、初步发展期、蓬勃发展期，每个发展时期所取得的成果更是值得广大专家与学者高度关注。这无疑为课程思政教学的深化改革打下了坚实的基础，并且为课程思政未来发展提供了重要启示。本节主要对课程思政发展所经历的三个时期作出系统性阐述，具体如下。

一、萌芽期（2014年—2018年4月）

课程思政作为高校思想政治教育体系的重要组成部分，对于高校思想政治教育"孤岛"现象的有效破解具有至关重要的推动作用。我国最早（2014年）是将上海作为试点，针对课程思政建设与发展的成果进行科学验证。然而，这一重要举措并不是将课程思政推广至全国的唯一推手。2016年12月，习近平总书记在全国高校思想政治工作会议上明确指出"高等教育为人民服务、为中国共产党治国理政服务、为巩固和发展中国特色社会主义制度服务、为改革开放和社会主义现代化建设服务"这一重要目标。

高校思政教育发展从此有了更为具体和更为明确的要求，即因事而化、因时而进、因时而新，这无疑为高等教育思想政治工作的高质量进行指明了方向。

这一时期，国内学者发表了诸多具有代表性的学术研究成果，其中极具影响力的学术研究成果见表1-2。

表 1-2 2016 年 12 月—2018 年 4 月课程思政极具影响力的学术研究成果

序号	发表时间	篇名	作者	来源
1	2017 年 1 月	从思政课程到课程思政：从战略高度构建高校思想政治教育课程体系	高德毅、宗爱东	《中国高等教育》
2	2017 年 1 月	课程思政：有效发挥课堂育人主渠道作用的必然选择	高德毅、宗爱东	《思想理论教育导刊》
3	2017 年 7 月	课程思政的价值意蕴与生成路径	邱伟光	《思想理论教育》
4	2017 年 8 月	课程思政建设的关键问题与解决路径	高燕	《中国高等教育》
5	2017 年 8 月	课程思政建设必须牢牢把握五个关键环节	李国娟	《中国高等教育》
6	2017 年 10 月	"思政课程"到"课程思政"发展的内在逻辑及建构策略	何红娟	《思想政治教育研究》
7	2018 年 1 月	专业教师实践"课程思政"的逻辑及其要领——以理工科课程为例	徐江涛、王文起、徐晏清	《学校党建与思想教育》
8	2018 年 3 月	课程思政推行中若干核心问题及解决思路——基于专业课程思政的探讨	陆道坤	《思想理论教育》
9	2018 年 4 月	"课程思政"与"思政课程"同向同行的理论阐释	邱仁富	《思想教育研究》

由表 1-2 可知，在中国高校课程思政建设与发展的萌芽期，具有代表性的学术研究成果主要集中在解读课程思政的内涵，以及明确构建路径的侧重点和注意事项等角度。而在 2017 至 2018 年，中国高等教育已经踏入全面建设和发展新工科这一重要阶段，课程思政建设与发展必然会对其发展起到至关重要的推动作用。但是在课程思政建设与发展的萌芽期，关于新工科背景下课程思政建设与发展这一维度的学术研究成果并不多。

二、初步发展期（2018 年 5 月—2020 年 4 月）

早在 2018 年 5 月 2 日，习近平总书记在北京师生座谈会上明确指出，培养社会主义建设者和接班人作为党的教育方针，是中国各类各级学校共同的使命，也是创办中国特色世界一流大学的基本前提和重要基础。除此之外，习近平总书记强调高校教育教学工作必须做好三项基础性工作：一是学校办学之路必须始终坚持正确的政治方向，二是学校要全面加强高素质教师队伍建设，三是要形成高水平人才培养体系。为此，全国各高校倡导非从事思想政治教育工作的教师在课程教学改革中逐渐加入课程思政研究队伍，这也标志着中国课程思政建设与发展进入初步发展期，并且为其蓬勃发展不断积蓄力量。在此时期，所开展的学术研究项目的关键词较为集中，经过整理后主要涉及表1-3中的几个。

表1-3　初步发展期关于"课程思政"学术研究的高频词汇

引用排名	关键词
1	课程思政
2	思政课程
3	立德树人
4	高职院校
5	教学改革
6	协同育人

2018年5月—2020年4月，我国专家、学者研究的视角主要集中在"课程思政"与"思政课程"的区别，以及课程思政育人理念和课程思政对教学改革的作用、影响、意义等方面。在这一时期，新工科建设如火如荼地开展，而针对该背景下的"课程思政"学术研究却并没有突出的成果。

三、蓬勃发展期（2020年5月至今）

为了全面贯彻习近平总书记关于教育的重要论述，以及基于其在北京师生座谈会上提出的精神，2019年8月，中共中央办公厅、国务院办公厅联合印发《关于深化新时代学校思想政治理论课改革创新的若干意见》。2020年5月，教育部印发《高等学校课程思政建设指导纲要》（以下简称《纲要》），将全面加快高校课程思政建设工作视为有效深化落实立德树人根本任务的战略性重要举措，也将此视为全面培养新时代高质量人才的一项重要任务。与此同时，教育部专家为加快高校课程思政建设与发展的步伐提出了诸多有建设性的指导意见，为高校课程思政教育理念的全面形成提供了有力依据。

《纲要》明确指出高校要将习近平新时代中国特色社会主义思想纳入课程教材，成为课堂教学的重要组成部分，帮助学生提高对社会主义核心价值观、中华优秀传统文化、宪法法治的认知水平，从而确保对学生在专业维度和思想价值维度进行同步培养。在此过程中，高校分类推进课程思政建设的帷幕就此拉开。《纲要》针对人文、经管、教育、理工、农学、医学、艺术七大类课程，在探索结合专业特点有效挖掘课程思政元素的方法上给出了具体建议。

另外，《纲要》强调，课程思政建设不能脱离国家和区域发展的现实需要，应结合学校自身的发展定位和人才培养的总体目标，最终形成全方位覆盖、类型丰富、层次递进、相互支撑的课程思政体系，确保高校开辟出一条高质量人才培养之路。教育部为了全面推进高校课程思政建设与发展步伐，于 2021 年 5 月通过组织推荐、专家遴选、会议评议程序，最终在全国范围内确定了 700 门课程思政示范课程，确立了 700 个课程思政名师团队和 30 个课程思政教学研究中心，这也客观说明课程思政建设步入蓬勃发展时期，学术研究成果也相继涌现出来，具体见表 1-4。

表 1-4　2020 年 5 月至今课程思政学术研究成果计量影响力

关键词	影响力	开始（年）	结束（年）
在线教学	2.28	2020	2021
专业思政	1.2	2020	2021
翻转课堂	1.14	2020	2021
线上教学	1.14	2020	2021
课程体系	1.14	2020	2021
外语教育	1.14	2020	2021
研究生	0.88	2020	2021

从表 1-4 所呈现的数据可以看出，在课程思政建设与发展的爆发期，针对课程思政建设与发展的相关学术研究并没有涉及新工科领域，这充分说明在新工科背景下的课程思政建设与发展缺少充足的学术研究成果为之提供支撑条件，而这显然也是当下新工科背景下高校课程思政建设与发展所要关注的重点。

第二章　新工科背景下计算机专业课程思政教学改革的意义与价值

　　课程思政和新工科建设与发展对新时代中国经济与社会高质量发展起着决定性的作用。但是，随着新工科建设步伐的不断加快，课程思政建设与发展的步伐必须与之同步，以确保能够为新工科高质量人才的培养提供有力保障。为此，计算机专业课程思政教学改革工作随之全面兴起，这对新工科背景下计算机专业人才高质量培养有着极为重要的意义与价值。

第一节　课程思政教学改革推动全面落实"三全育人"

　　"三全育人"作为课程思政建设与运行的必然条件，其作用在于为课程思政应该怎样运行指明方向。但是，在课程思政建设与运行的实践过程中，全面而又深入地贯彻落实"三全育人"理念并非易事，需要根据实际情况不断作出具体调整，由此方可确保课程思政建设与运行本身的意义得到充分体现，价值发挥到极致。在新工科背景下，计算机专业课程思政教学开启了全面深化改革，对"三全育人"理念的全面贯彻落实起到了关键性的推动作用，主要体现在以下三方面。

一、推动新工科背景下计算机专业课程教学新格局的全面形成

　　课程思政在新工科建设与发展道路上发挥着不可替代的作用，是新工科建设与发展目标全面达成的重要保证。面对当今时代人才需求的大环境，新工科建设与发展的步伐正在不断加快，课程思政教学改革的步伐也与之保持高度同步，以确保为新工科人才培养提供重要的保障。在新工科背景下，计算机专业课程思政教学改革对计算机课程教学的深化与发展无疑会产生深远影响，该专业课程教学的格局也必然会发生变化，"全员化"则是最为明显的体现。

　　新工科背景下的计算机专业课程思政教学改革对教学的主体作出了明确要求，教师不仅是施教过程中的主体，而且是学习过程中的主体。前者顾名思义，就是教师有资格并且有义务对学生进行专业维度和思想价值维度的教育；后者则强调该专业教师在开展教学活动之前同学生一样不仅要在专业维度进行深入的了解和掌握，更要在思想价值维度不断进行深入的学习，不断提高自身思想、价值、道德方面的知识水平和认知高度，这样才能确保计算机专业课程教学能切实促进学生的全面发展，开创出"全员化"教学新格局。

需要强调的是，教师在课程思政教学改革中，不仅要以教师的身份为学生提供专业引领和思想价值引领，还要以"学生"的身份不断提高自身在思想价值层面的引导和启发能力，从而确保学生在专业课程教学活动中，既能深刻认知"学什么"，又能正确认知"为什么学"，帮助学生主动探寻和建立适合自己的学习方法，最终使学生成长为时代社会所急需的高素质新工科人才，为"家国梦"和"民族梦"的实现贡献自己的一份力量。

综合以上论述可以看出，新工科背景下的计算机专业课程思政教学改革将深化教师的育人理念放在了首要位置，这无疑是对该专业教师教学观念的根本性深化，让"教"的质量能够得到有力保证，进而对学生"学"的过程和效果产生重要影响。这样的课程教学"全员化"新格局必然会为计算机专业高质量人才培养提供有力支撑。

二、促进新工科背景下计算机专业课程教学内涵的进一步丰富

课程思政建设的目的是全面加快中国高水平人才培养的步伐，让人才培养的过程形成高度体系化。因此，课程思政建设之路的全面开启标志着中国高等教育发展迈上了新高度，"立德树人"理念在高校人才培养道路中得到了更深层次的落实。当前中国正在面对新一轮科技变革与产业变革提出的新挑战，计算机科学技术的发展无疑发挥着关键性作用，所以学生不仅要了解新时代国家发展所处的大环境，还要了解中国计算机领域发展的历史。学生深刻认知未来应该朝什么方向发展和怎样发展，能在无形中激发自身在专业维度和思想价值维度的成长动力，而这正是新工科背景下计算机专业课程思政教学改革的重要初衷所在。

高校要借助更多的教育途径全方位开展教学活动，让学生在积累知识、拓宽视野的同时，还能实现专业层面和思想价值层面引导的碎片化；让学生可以通过更多的学习途径了解专业领域发展成果和未来发展趋势，以及国家当下乃至未来的发展目标和发展战略，确保学生专业成长之路始终与国家、民族、社会发展之路保持高度契合。这也充分说明新工科背景下课程思政教学改革赋予人才培养过程必须面向"全方位"这一重要内涵。

具体而言，在新工科背景下的计算机专业课程教学中，每一门课程都是学生全面提升自身知识水平、技能水平、能力水平、思想道德认知水平、价

值观念的重要载体，教学活动中要创造有利于全面提升学生这些方面的条件，确保计算机专业课程教学的高质量育人渠道不断丰富。其中不仅包括学校领域的育人渠道，更包括社会领域的育人渠道和互联网领域的育人渠道，进而让教学活动对学生思想观念、价值观念、道德观念、职业发展观念的形成过程发挥重要引领作用。而这恰恰是教学"全方位性"的切实体现，也是对当今时代背景下计算机专业课程教学内涵更深层次地诠释。

三、加快新工科背景下计算机专业课程教学整体性的建设步伐

新工科背景下的计算机专业思政课程教学改革明确指出计算机专业所包含的各门课程与思想政治理论课程是同心圆的关系。思想政治理论课程无疑是内核，而其他各门课程则是整体，不仅要确保思想政治理论课程教学目标在其他各门课程教学目标中得以贯穿，让该专业课程教学内容、形式、方法变得更加丰富，还要确保学生在大学期间能够得到专业维度的成长，并且在思想价值维度实现科学转变，从而使该专业课程教学的人才培养质量朝着理想化不断靠近。这充分说明在新工科背景下的计算机课程思政教学改革中，加快了计算机专业课程教学思政教育全过程育人的步伐，让该专业课程建设和教学发展更加具有整体性。

具体而言，新工科背景下的计算机专业课程思政教学改革强调该专业的各门课程的教学目标要始终与思想政治理论课程教学目标同向同行。其中，"同向"是指育人方向相同，"同行"是指育人进程的同步。这就需要思想政治理论课程教学同其他课程教学的目标体系、内容体系、过程体系、评价体系方面始终保持相互协同的状态，由此让该专业各门课程能够相互融合，并且促进专业跨学科发展。在此基础上，该专业课程体系的主体变得更加丰富，并不存在主次之分，能够为高素质、高质量的新工科人才培养提供教育合力。

综合以上论述不难发现，在新工科背景下，计算机专业课程思政教学改革针对计算机专业课程教学人才培养的过程性提出了更为明确的要求。其中，在各门课程教学目标方面，既要包括专业维度的教学目标，又要包括思想价值维度的教学目标；在教学内容方面，既包括专业性教学内容，又包括思政元素；在教学形式方面，确保各门课程理论教学活动和实践教学活动都能围绕生活实际开展，让课程之间能够形成较为紧密的联系；在教学方法方

面，始终围绕学生的成长和发展，让具有引导作用和启发作用的教学方法贯穿该专业课程教学的全过程，让学生不仅"乐学"，更对未来发展充满希望，让计算机专业课程教学的显性教育功能和隐性教育功能充分发挥出来。

第二节　课程思政教学改革推动课程思政教学理念的丰富与发展

从当前课程思政建设所取得的成果来看，学生在各门课程教学活动中所接受的思想政治教育普遍增加，各门课程对学生知识与技能、能力与素养、思想价值与道德观念的引导作用普遍增强。但是，其成果无论是在教学内容和教学方法方面，还是在寻找教育合力方面，都仍有极大的发展空间。为此，要全面深化课程思政教学改革，进一步增强课程教学理念的丰富性和发展性，进一步凸显课程思政教学改革的意义与价值。

一、课程思政教学改革促进"三全育人"理念在课程教学实践中的深度应用

课程思政建设之所以被称为"功在当代，利在千秋"的伟大工程，根本原因就是其明确解答了教育究竟是"为谁培养人""培养什么人"和"怎样培养人"三个重要问题。随着时间的推移，课程思政建设逐渐落到实处，其在教学实践中不断铸就辉煌的同时，存在的发展空间也进一步被广大专家、学者、教师挖掘出来，进而帮助广大教师进一步明确课程思政教学的主要任务，教师的教学理念也发生改变。

纵观课程思政教学改革的总体路线，可以看出，教师作为施教主体，是学生成长道路上的指路明灯，既肩负着"经师"的角色，又肩负着"人师"的角色。"经师"是指严肃、严谨、严格地对待教育教学工作，做一个不误人子弟的合格教师，这无疑是教师职业道德规范的基本要求；"人师"是指教授经典学术的学者和培养人才品德的教师，这也是教师职业道德规范的深层内涵所在。课程思政教学改革的总体路线明确了教师所担任的上述两个重要角色，意味着教师在教学活动中不仅要教书育人，还要不断接受思想政治教育，真正学会怎样教，实现课程思政教学的"全员化"。

　　除此之外，课程思政教学改革还要求对学生思想价值维度的引导贯穿学生在校学习的整个过程，确保学生在任何学习活动之中都能获得思想观念、价值观念、道德观念养成的教育机会，以此达到充分引领学生各方面知识、技能、能力、素养全面发展的目的，实现课程思政教学的"全过程"开展。课程思政教学改革的总体路线更是明确指出教学活动要做到形式多样和评价方法多样，善于利用各种教学载体，使对学生在知识、技能、能力层面，以及思想、价值、道德层面的培养能够得到保障，实现全方位人才培养。

　　从以上观点可以看出，课程思政教学改革总体路线要求在课程思政教学实践活动中，不仅注重教师自身专业领域的素养得到全面发展，更注重思想价值维度的持续提升，而且善于运用各种教学载体和教学方法，促使学生实现全面发展，这也恰恰促进了"三全育人"理念在课程思政教学实践中的深度应用。

二、课程思政教学改革推动"立德树人"理念在课程教学实践中的深化

　　课程思政起源于全国高校思想政治工作会议，会议中明确指出思想政治教育引导工作作为当今学校教育工作的根本，要充分利用好课堂教学这一主渠道，始终坚持思想政治教育在不断改进中加强，从而让各门课程能够与思想政治理论课教学目标同向同行，让各门课程与思想政治理论课教学形成协同效应，从而全面提高学校课程教学的整体质量。

　　随着课程思政在学校教育工作中的全面开展，"立德树人"理念的贯彻与落实已经在教育成果中得到充分显现，该理念在教学实践中深化与发展的空间也逐渐被广大专家、学者、教师充分挖掘出来，而这正是课程思政教学改革的初衷所在，更是课程思政教学改革现实意义和实践价值的一种直接体现。

　　首先，课程思政教学改革要求教学全过程必须高度关注学生，引导学生朝着正确的方向发展，既要确保学生在知识、技能、能力上的成熟，也要促进学生思想价值观念走向成熟。与此同时，还要从学生心理特征角度出发，结合学生的实际状况以及心理需求，有针对性地调整教学形式、教学内容、教学方法，确保学校课堂教学工作既能帮助学生解决知识、技能、能力培养方面所存在的实际问题，又能帮助学生消除思想层面所存在的困惑，实现学生的全面发展。

其次，课程思政教学改革强调课堂教学过程中师生之间的互动与交流，教师要适时地以学生的视角去看待问题，并且积极听取学生在课堂学习过程中的具体看法和提出的建议，从而有针对性地引导和启发学生，在帮助学生充分理解为什么学习的同时，让他们自主探寻有效的学习方法。

最后，课程思政教学改革进一步强调课程思政教学活动中话语空间的构建，确保广大教师能够对学生的主观意愿进行有效的把握，并在反思和讨论过程中让学生获得话语权，这样可以让思政元素贯穿于每门课程教学过程之中，进而达到润物无声的效果。

综合以上课程思政教学改革对课程思政教学活动所提出的具体要求不难发现，"以学生为主体"的思想得到进一步深化，以学生学习活动的具体需要为中心，为学生提供思想价值维度的有效引导，让学生能够充分理解在当今时代背景下为什么学习，从而激发学生主动学习的意愿，这显然是"立德树人"理念在课程思政教学中的进一步深化，也为今后课程思政教学理念的深入贯彻与落实明确了具体方向和要求。

三、课程思政教学改革加速"协同育人"理念在课程思政教学中的推广

课程思政教学改革对"协同育人"工作的全面开展提出了更为明确和更为全面的要求。在此期间，不仅要努力实现思想政治理论课与各门课程之间高度协同，更要确保学校与企业之间的协同之势，在学生的知识、技能、能力、素养、思想观念、价值观念、道德观念的全面发展上形成教育合力，最终达到进一步提高学校教育质量的目的。

具体而言，思政理论课程教学以"铸魂"为主要目的，是"立德树人"育人理念在学校教育活动中发挥隐性作用的重要载体，而各门课程教学活动显然都离不开对课程本身价值的传递。因此，学校所有课程教学目标都包括以价值、知识、技能和学生全面发展为导向的目标。由此可见，学校思想政治理论课程与各门课程之间的关系十分密切。

从人文角度进行分析，每一门课程都富有属于本门课程的人文内涵，课程教学的全过程都在向人们诠释着人文价值。学生在学习过程中进一步明确为什么要学习本门课程，并在教师的正确指导下也会找到适合自己的学习方

法。这也进一步说明思想政治理论课和各门课程之间存在的紧密联系，课程之间在教学目标、教学内容、教学方法、教学评价方面形成深度融合，保持与思想政治教育目标同向同行，必然能够确保课程育人效果趋于理想化。

除此之外，学校教育的最终目的是要让学生成功走向社会，并且能够在社会中站稳脚跟，最大限度地发挥自身的价值。因此，课程思政改革大力倡导课程思政教学与企业保持协同发展的关系，让学生既认识到在工作岗位中应该秉承的思想价值观念，又充分了解自身在知识、技能、能力、素养方面应该达到的要求，并从中找到自己学习生涯的努力方向，真正在知识与技能、能力与素养、思想价值与道德观念等方面得到全面发展，成为对国家、民族、社会发展真正有用的人才。

综合以上观点不难发现，课程思政教学改革对教育合力方面提出了更高要求，同时为课程思政教学如何寻找教育合力指明了方向，而这无疑对"协同育人"理念在课程思政教学中的全面推广起到至关重要的促进作用，课程思政教学本身也会从根本上解决教育究竟"为谁培养人""培养什么人""怎样培养人"这三个问题，学校教育质量得到进一步提高，教育成果进一步扩大。

第三节　明确计算机专业课程教学"培养什么人"

教育部全面加快新工科建设步伐的最终目的是有效应对新一轮科技变革与产业变革，让有理想、有抱负、有创造能力的高质量新工科人才投身科技创新领域，带动国家产业结构升级，从而加快中国经济与社会的高质量发展脚步，并且将这一发展状态维持下去。因此，在新工科背景下，计算机专业课程思政教学改革是以新工科全面建设的最终目的为基本出发点，帮助计算机专业课程教学进一步明确"培养什么人"，这也是新工科背景下计算机专业课程思政教学改革的实践意义和时代价值的具体呈现。

一、新工科背景下计算机专业课程教学要培养高瞻远瞩且定位准确的人

放眼全世界，每个国家都处在百年未有之大变局之中。党的十九大之后，中国迎来了新一轮科技变革和产业变革，这也标志着中国在全面建成社

会主义现代化强国过程中迎来了严峻挑战。对此，中国全面开启并不断加快新工科建设，以求更好地面对新一轮科技变革和产业变革所提出的严峻挑战。计算机专业作为中国科技创新发展的支柱型学科专业，在专业课程教学活动中要让学生明确自身所肩负的社会责任和新的历史使命。

因此，新工科背景下的计算机专业课程教学要将培养高瞻远瞩且定位准确的人作为专业课程教学的重要目标，确保学生能够站在科技创新发展的角度去看待国家、民族、社会、自身的发展。另外，计算机专业课程教学要以思想政治理论课教学目标为基础，课程教学内容、形式、方法要有利于学生理想信念的正确形成，并且可以对学生的知识见识、奋斗精神、综合素养形成正确引领，以此让专业课程教学作为全面培育学生"爱国情、强国志、报国行"精神的理想载体。

具体而言，新工科背景下的计算机专业课程思政教学改革强调专业课程教学要根据时代发展大背景，全面加强学习贯彻习近平新时代中国特色社会主义思想主题教育，让"立德树人"理念在专业课程教学活动中得到深入落实，既要强调对中华民族伟大复兴的中国梦的渗透，又要将党和国家事业历史性、根本性的变革与成就等方面的内容有效融入，以确保计算机专业课程教学不仅是培养高质量人才的摇篮，更是培育有理想、有抱负、有自信的高素质人才的摇篮。

综合以上观点可以看出，新工科背景下计算机专业课程思政教学改革从学生层面对专业课程教学应该让学生成为什么样的人提出了具体要求，这些要求显然可以作为新时代计算机专业课程教学人才培养的基本定位，以及新工科背景下计算机专业课程教学"培养什么人"的基本要求。

二、新工科背景下计算机专业课程教学要培养具有家国情怀和民族使命感的人

在新工科背景下计算机专业人才培养过程中，课程教学工作要将重点放在开阔学生视野上，不仅要让学生体会中国计算机科学领域发展所取得的伟大成就，以及未来发展的主要方向和宏观目标，还要让学生感受到自身未来的发展前景，坚定中国特色社会主义道路自信、理论自信、制度自信、文化自信。这样不仅可以让学生全身心投入专业领域的学习与实践活动之中，成就自己专业层面的成长，更能让学生在思想价值层面发生根本性改变，而这

也正是新工科背景下计算机专业课程教学所要培养的人。

该要求为计算机专业课程教学工作提供了明确指向，让学生深感处于当今社会选择计算机专业的正确性，并且能深刻体会到从事计算机科学技术领域相关工作所要付出的艰辛和努力，进而让学生燃起学习和实践的热情，并能将其永久保持下去。在此基础上，引导学生站在国家、民族、社会的高度，深刻感知自己的付出和奋斗对新时代中国特色社会主义现代化强国建设以及实现中华民族伟大复兴有着怎样的意义，培养学生成为有情怀、有责任、有担当、有报国理想的新工科人才。

这无疑对新工科背景下的计算机专业课程教学的目标、内容、形式、方法等方面提出了更深层次的要求。

在教学目标方面，不仅要让学生系统地掌握相关理论知识和专业技能，全面培养学生专业能力和专业素养，更要培育学生的家国情怀和民族使命感。

在教学内容方面，不仅要将系统化的专业知识、实操技能、专业能力的培养作为教学内容的主体，更要将中华民族的故事、中国共产党的故事、中国特色社会主义的故事、科技创新的故事、计算机科学发展的奋斗史作为教学内容的重要组成部分，确保学生对"科技创新是国家富强的根本推动力""科技创新是实现中华民族伟大复兴的重要力量"有更为深刻和准确的认知。

在教学形式方面，始终强调遵循理论与实践相结合的原则，让学生能够体会当今中国所取得的伟大成就来之不易，奋斗的光辉始终会照耀未来的发展。

在教学方法方面，强调引导式和启发式教学的深度运用，让学生的家国情怀和民族使命感的形成更加顺利。

综合以上论述可以看出，在新工科背景下，计算机专业课程思政教学改革站在家国和社会层面对"计算机专业课程教学应该让学生成为什么样的人"提出了明确要求，这也是对计算机专业课程教学未来发展更高层次的定位，是对计算机专业课程教学"培养什么人"更高层次的解答，其教学实践活动的未来发展也有了更深层次的方向。

三、新工科背景下计算机专业课程教学要培养适应社会且知行统一的人

结合中国大力推进新工科建设与发展的初衷来分析计算机专业课程教学究竟应该培养什么样的人就会变得较为简单。中国大力推进新工科建设与

发展的目的在前文已经多次提到，就是要让新工科人才促进国家新兴产业发展，带动中国产业结构实现全面转型升级，让中国经济形成更多的新增长点，社会始终保持在高质量发展状态之下。但是，人才培养过程显然不能停留在理论层面，需要在实际行动中不断进行深入研究与探索，要求学生能够为了达到这一目的而主动负重前行。这也正是新工科建设与发展必须高度坚持课程思政教育路线的主要原因，是新工科课程思政教学改革所提出的又一明确要求。

为此，计算机专业课程教学要以培养适应社会且知行统一的人为最终目标，要求学生不仅能够意识到为什么学习，还能意识到怎样在当代中国发展道路中将自己的价值充分发挥出来，助力中华民族伟大复兴的全面实现。这对计算机专业课程的教学内容、形式、方法提出了更高要求，计算机专业课程教学不仅要促进学生在专业领域的学习，更要让学生将学习目标与中华民族伟大复兴的目标紧密结合起来，从而使学生适应社会未来发展的大趋势，成为国家、民族、社会发展的重要力量。

结合上文所述的新工科背景下计算机专业课程思政教学改革所提出的新要求，要进一步深化计算机专业课程人才培养过程的侧重点，要通过中国产业高质量发展所取得的伟大成就让学生深刻感知中国各项事业的飞速发展都离不开科技创新，要始终保持科技创新发展的姿态；还要通过中国科技创新道路上所遇到的艰难困阻让学生深刻感知到，在中国共产党领导下，中国人民始终秉承着积极奋进、开拓创新、锐意进取的民族精神，不断地在科技创新之路上突破各种技术难关，才有经济发展和企业转型等一系列伟大成就的出现，将此作为新工科背景下计算机专业课程人才培养的重要条件，确保学生在思想价值观念方面发生质的改变，这进一步明确了当代计算机专业课程教学究竟要培养什么样的人。

第四节　厘清计算机专业课程教学 "怎样培养人"

"怎样培养人"作为当今教育领域普遍关注的话题，也是明确教育工作目标后迫切需要解决的问题。就当今中国所处的新科技变革和产业变革这一时代大背景而言，单纯地培养专业层次高并且创新能力强的人才显然不能真正满足时代发展的需要，家国情怀、民族使命感、社会责任意识强的高素质、高质量人才才是当今乃至未来社会的人才需求主要方向。所以，新工科背景下的课程思政教学改革对计算机专业课程教学"怎样培养人"这一问题给出了明确指向，让其在培养人的过程中能够厘清思路。具体如下。

一、高度强化计算机专业课程教师自身修养

新工科背景下计算机专业课程思政教学改革的目的就是从根本上改变教学活动显性教育和隐性教育功能难以最大限度地展现现实的情况，让学生通过各门课程的学习，既可以在相关知识、技能、能力、素养方面得到全面发展，又可以在思想价值观念方面有客观准确的认知，帮助学生真正成为全面发展的人。计算机专业课程教学的人才培养也是如此，高度强化计算机专业课程教师自身修养成为该专业课程教师关注的焦点之一，这也是厘清计算机专业课程教学"怎样培养人"的首要环节。

首先，计算机专业课程教师要明确究竟何为"教师"。韩愈的《师说》中明确指出："师者，所以传道受业解惑也。"也就是说，教师本身不仅要有资格为学生传道授业，更要为学生答疑解惑，这需要教师不断强化自身的能力、提升自己的境界和完善自身的德行品性，只有这样教师才能为学生在学业和为人处世方面提供更好的帮助。

其次，计算机专业课程教师应从政治素养、家国情怀、思想道德、法治观念、人格塑造等方面入手，让自己成为一个高尚而又全面发展的人，这正是教师"育人先修己、树人先立德"这一内涵的深层体现。

最后，计算机专业课程教师应不断完善自身的学识与才能，为成为一名合格的教师不断努力奋斗。在此期间，教师既要了解与本专业相关的大政方针，也要不断加强专业理论学习，加强专业技能培训，了解前沿所属领域研究成果，了解当今计算机科学技术领域发展的现实情况和未来发展趋势，不断提高自身的专业水平和业务能力，这样方可保障计算机专业课程教学始终能够为学生知识与技能、能力与素养、思想价值与道德观念等方面的培育提供正确引导和启发，让教书育人始终以"立德树人"理念为先导。

综合以上观点可以看出，在新工科背景下计算机专业思政课程教学改革中，要全面提升教学品质应从根本入手，教师作为施教主体是否具备极强的

专业素养和思想道德素养必然会直接影响专业课程教学的育人成果的好坏，而思想道德素养是个人修养的重要组成部分，因此在该专业课程思政教学全面深化"立德树人"理念的过程中，要将全面强化教师自身思想道德素养置于首位，而这也是厘清计算机专业课程教学"怎样培养人"的第一步。

二、守牢计算机专业课程思政教育主渠道

当今时代的中国教育是具有中国特色的社会主义教育，也就是说，教育已经不单纯地指向让学生学会所要学习的知识，更要让学生能够明确"为什么要学习""未来应该朝着什么样的方向发展"和"如何发展"。因此，新工科背景下计算机专业课程思政教学改革将课程教学的思政教育功能最大化作为一项关键性要求，这也意味着守牢计算机专业课程思政教育主渠道成为厘清计算机专业课程教学"怎样培养人"的重要一环。

2019年3月18日，习近平主持召开学校思想政治理论课教师座谈会并发表重要讲话。会议中明确指出将思政教育作为习近平新时代中国特色社会主义思想铸魂育人的重要载体。在当今时代发展大环境与大背景下，社会对高素质、高质量人才的需求日益迫切，学校教育更要全面开发、充分利用思想政治教育载体。在新工科背景下，计算机专业课程教学应将思想政治教育目标的达成贯穿课程教学始末，进而让思想政治教育载体实现全面开发和充分利用，而这正是新工科背景下计算机专业课程思政教学改革的重要初衷，也是厘清计算机专业课程教学"怎样培养人"的关键。

该会议倡导在学校课程教育教学活动中，结合学生年龄特点和课程特点，紧密联系课堂教学内容与生活实际，让课程教学内容的知识与技能部分和思想价值观念养成部分更加贴近实际、贴近学生、贴近生活，成为促进学生知识与技能、能力与素养、思想价值与道德观念同步发展的理想条件。在此期间，教师可以通过辩论、情景模拟等形式开展课程教学活动，让课程教学过程变得更加生动、更加富有活力。

对此，新工科背景下计算机专业课程思政教学改革明确指出计算机专业课程教学活动无论是在目标上，还是在内容与方法上，都要与学生日常学习和生活实际紧密联系，引导学生在领悟生活道理的同时，感悟未来计算机专业领域发展的前景，既让学生明确如何学习，又让学生了解为什么学习，从

而让计算机专业课程教学变得生动且具有趣味性，专业课程教学的思政教育效果也更加趋于理想化，计算机专业课程教学质量也随之得到进一步提升。

三、大力开发计算机专业课程思政教育校本课程

从教育的高质量发展角度出发，"润物细无声"的教育过程往往会让教育效果达到最佳，如何做到润物无声成为教育工作者持续探讨的话题。新工科背景下计算机课程思政教学改革对这一问题给出了明确答案，使计算机专业课程教学"怎样培养人"这一问题的解决思路得到进一步厘清，即大力开发计算机专业课程思政教育校本课程。

在 2019 年召开的学校思想政治理论课教师座谈会中，八个"相统一"教学原则的提出为广大思想政治教育工作者如何上好思想政治理论课指明了方向。对此，新工科背景下课程思政教学改革将其作为根本，进而让课程思政教学不仅达到提质的目的，更能实现增效的目标。具体而言，坚持政治性和学理性相统一、价值性和知识性相统一、建设性和批判性相统一、理论性和实践性相统一、统一性和多样性相统一、主导性和主体性相统一、灌输性和启发性相统一、显性教育和隐性教育相统一，这八个"相统一"教学原则既对课程思政教学内容提出了具体要求，也对教学形式和方法提出了新的挑战。

显然，专业课程教学不仅要在教学内容方面体现出思政元素的合理融入，还要将理论联系实际和理论与实践相结合的教育观念充分融入其中，这无疑是对计算机专业课程教学模式的一种颠覆。所以，打造出与之相适应的计算机专业课程思政教育校本课程自然成为理想之选，也是当下计算机专业课程思政教学改革的当务之急。

在教学内容方面，既要将专业性内容作为课程教学内容的主体，也要将与学生日常生活和未来专业发展息息相关的思政元素融入其中，如"新闻联播"中的资讯，其内容具有专业性、新颖性、时代适用性。在课程教学形式上，将富有引导和启发色彩的教学形式作为课程教学的主要选择，如专业座谈会活动、辩论活动、交流活动、研学旅行等；确保专业课程始终能够与思政小课堂联系起来，进而形成具有学校思政特色的计算机专业校本课程；确保专业课程教学能对学生知识、技能、实践能力加以全面培养，还能对学生家国情怀和核心素养予以全面培育。

第五节　认清计算机专业课程教学"为谁培养人"

结合当今中国高等工程教育全面加快新工科建设与发展的目的，要确保中国科技创新领域在加快产业结构转型升级进程中拥有更多高质量、高素质人才。其中，高质量主要表现在人才的专业层面，而高素质重点体现在人才的思想价值观念层面。在这里，课程思政工作的深入落实无疑发挥着决定性作用。然而，随着中国在新一轮科技变革和产业变革中所面对的挑战日益严峻，新工科背景下课程思政教学改革工作对计算机专业课程教学提出了更高要求，以此让该专业课程教学能够始终在"为谁培养人"这一视角下开展，进而通过高质量的课程教学来进一步诠释新工科背景下计算机专业课程思政教学改革的意义与价值，具体如下。

一、明确了计算机专业课程教学的基本任务

本书第一章关于新工科建设的背景和建设与发展历程的论述中，已经明确中国高等工程教育为何要加大新工科建设的投入力度，并且指出具体的行动路线和基本任务，充分反映出新工科建设与发展究竟是在"为谁培养人""培养什么人""怎样培养人"。其中强调了课程教学本身既要让学生在专业领域知识、技能、素养方面得到提升，也要让学生思想价值观念方面能够得到全面提升，确保学生完成学业走向社会后能够真正推动中国科技创新和产业结构升级调整。

在这一过程中，计算机专业课程教学不仅要在专业维度不断深化，更要在学生思想价值维度方面发挥强有力的引导作用，这既是课程思政教学改革的根本要求，也是课程思政改革的核心目标所在。因此，计算机专业课程教学活动的全面发展有了极为明确的任务指向，课程教学目标也能够充分反映出究竟是"为谁培养人"，计算机专业课程教学的价值在无形中得以彰显。

具体而言，在新工科背景下课程思政教学改革中，高度明确专业课程教学工作的全面开展始终要以培养社会主义建设者和接班人为中心，将学生思想价值观念的正确养成作为专业课程教学的一项重要任务，并将其融入专业知识、专业技能、专业能力培养活动，进而引导学生建立起正确的世界观、人生观、价值观、发展观，力求学生在计算机专业课程学习过程中，在专业

层面和思想价值层面实现同步发展。

显然，课程思政教学活动赋予了计算机专业课程教学新的内涵，既要让学生在专业成长与发展方面能够顺应时代潮流，也要让学生在思想价值方面高度适应当今时代发展所提出的新要求。这显然是新工科背景下计算机课程思政教学改革赋予计算机专业课程教学的具体任务，也是对计算机专业课程教学"为谁培养人"这一问题的初步解决，在专业课程教学中予以有效深化必然会确保教学质量的全面提高。

二、明确了计算机专业课程教学人才培养的核心要素

新工科建设与发展和课程思政教学改革的具体目的就是培养学生成为能够推动新时代中国经济与社会发展的有用人才。但是在当前计算机专业教学实践活动中将其转化为现实却并非易事，因此计算机专业课程思政教学改革明确了具体要求，并指明了计算机专业课程教学发展的具体方向。这些要求和发展方向，既是计算机专业课程教学活动中人才培养的核心要素，也是对计算机专业课程教学"为谁培养人"这一问题的进一步回应。

具体而言，新工科背景下计算机专业课程思政教学改革明确指出人才培养要立足"德""识""能"三个维度的共同培养，要以德育为根基，强化学生的专业知识，最终让学生掌握与该专业相关的技能和能力。

德育工作的全面开展应与思政元素紧密联系，贯穿学生专业课程学习的全过程，让学生明确学习不仅仅是为了自己，更是为了国家、民族、社会，只有推动国家科技创新领域又好又快发展，才能带动国家经济与社会发展的步伐不断加快，才能实现中华民族伟大复兴，自己的未来发展前景才会更加光明。这样能让学生以积极主动的心态去增强自身的专业能力，计算机专业课程教学人才培养的质量也会就此实现跨越式提高。

综合以上观点不难发现，新工科背景下计算机专业课程思政改革，无论是在具体要求方面，还是在所指明的具体方向上，都着重强调人才培养核心要素。这显然是站在国家、民族、社会发展层面所作出的具体调整和部署，更是对计算机专业课程教学"为谁培养人"这一问题的潜在说明，并且对新工科背景下计算机专业课程思政教学改革的意义与价值形成了有效烘托。

三、让计算机专业课程教学隐性教育功能变得显性化

从课程教学的作用角度出发，在广大教师固有的观念中，显性教育的作用可以让教学效果达到最大化，而隐性教育的作用很难达到显性教育的效果。所以，在课程教学活动中，教师往往会将显性教育的开展放在首位，而将隐性教育活动作为使显性教育成果最大化的有效补充，在以往的计算机专业课程教学中也是如此。这样的教学观念必然会导致课程教学中的隐性教育功能逐渐缺失，课程教学很难达到预期效果，甚至事倍功半。

课程思政教学工作无疑是一项具有代表性的隐性教育活动。按照广大教师固有的教学观念，课程思政教学不能呈现理想的教学效果，"为谁培养人"这一问题很难在课程思政教学中得到有效解决。为此，新工科背景下计算机课程思政教学改革强调将计算机专业教学的隐性教育功能变得更加显性化，让"为谁培养人"这一问题能够在教学活动中得到实质性解决。

新工科背景下计算机专业课程思政教学改革明确指出，教学活动的作用应该体现在感染、引导、启发三个方面，教学过程应该始终可以触及学生内心，引发学生的共鸣。这样才能使教学效果更加趋于理想化，才能让学生真正感受到学习究竟是为了谁，在学习过程中对未来形成一种强烈的归属感和期望感，这是学生积极主动学习专业知识、掌握专业技能、提高专业能力的动力之源，也是学生走向社会为国家、民族、社会发展贡献力量，并最终成就自己未来可持续发展的核心条件。

在这一过程中，思政元素的全程化运用无疑是最为基本的条件，并且要依靠各种课程思政教学平台进行广泛传播，让学生无论是在专业理论知识学习的过程中，还是在校内专业技能实训和校外专业实践能力培养过程中，都能够体会到自己在当今时代科技与产业变革中的重要性，明确投身中国计算机科学技术领域研究与实践的作用和意义所在，进而形成正确的家国情怀、民族使命感、社会责任感。同时，计算机专业课程教学"为谁培养人"的问题在教学活动中也能够得到根本性解决，新工科背景下计算机专业课程思政教学改革的意义与价值也因此而淋漓尽致地体现出来。

第三章　新工科院校计算机专业课程思政教学改革的理论基础

大力推进新工科建设、加快发展步伐已经成为当今中国有效应对全球新一轮经济变革和产业变革的一项重要举措，不断加大"立德树人"理念的深化和落实力度是新工科建设与发展的重中之重，因此课程思政教学改革工作的深化落实成为当务之急，计算机专业人才培养之路更是如此。在这个过程中必然要有坚实的理论基础作为支撑条件，本章将针对相关理论基础作出系统的论述。

第一节　人的全面发展思想

人的全面发展思想源自马克思主义思想理论，本节首先介绍马克思关于人的全面发展理论学说的形成过程，而后阐述马克思关于人的全面发展理论在当代党的教育方针范畴内的发展过程。

一、马克思关于人的全面发展理论学说

马克思关于人的全面发展理论学说是经典的理论学说，该学说是马克思主义思想理论核心组成部分，该理论学说非常明确地指出了思想政治教育的目的、任务和方向，是关于人的全面发展的理论依据。马克思所提出的"个人的全面发展"概念，揭示了"任何人的职责、使命、任务就是全面地发展自己的一切能力"。马克思和恩格斯的思想理念就是从本质上使人全面发展。马克思提出的社会发展观中关于人的全面发展理论完全符合人类历史的发展规律。该重要理论是从现实生活的实际出发，用现实来解决人的发展与人的思想解放问题，而不是从理性角度出发，从而有效避免了理论与实践脱节的问题。马克思对前人思想理论进行了深入的研究，摒弃了其中不合理的部分，从萌芽、形成、发展和完善四个关键阶段，逐步对人的全面发展理论进行深入的探索和归纳总结。

第一阶段为萌芽时期，即从他的中学时代直到《1844 年经济学哲学手稿》的诞生这段时间。在此期间，马克思利用历史的唯物主义来探索人的差异变化、自由与解放等问题，虽然没有形成关于人的全面发展的理论，但是为后续发展建立了雏形。

第二阶段为形成时期，即从《神圣家庭》的发表到《德意志意识形态》

的发表这段时间。在此期间，马克思非常清晰地分析和论述说明了如何实现人的全面发展。其中阐述了要想真正实现人的全面发展，不仅需要构建和谐安稳的生产关系，还需要高度发达的生产力作为基本前提和原动力，在这一阶段，教育能够有效地促进人的全面发展。在实现的过程中，人们需要普遍地交往与联系。基于以上所提到的基本要素，马克思根据人的全面发展的清晰脉络，将注意力集中在社会主义政治经济的关系上，并在与此相关的领域和范围内全面探索人的全面发展的道路。

第三阶段为发展时期，即从《哲学的贫困》的发表到《共产党宣言》的发表这段时间。这一时期，《共产党宣言》非常全面地展示出人的片面发展，乃至不正常的畸形发展的残酷现实，随后提出人的全面发展："代替那存在着阶级和阶级对立的资产阶级旧社会的，将是这样一个联合体，在那里，每个人的自由发展是一切人的自由发展的条件。"以此证明了社会生产力和社会关系发展和进步到一定高度和阶段后，人就能够很好地实现全面发展，没有阶级的区别和划分，人们之间没有剥削和被剥削的关系存在，这样就会实现人人自由和全面发展。

第四阶段为成熟时期。在这一时期，马克思创作出如《资本论》《哥达纲领批判》等大量著作。人的全面发展理论经过非常艰苦的探究过程，最终得以形成。

马克思关于人的全面发展理论学说构建在生产力的高度发展、全面的基础理论知识研究及对思想教育的不断完善的基础上，之后得到不断丰富和发展。课程思政在建设的过程中同样需要经历类似的发展与探索的过程。

人的全面发展涉及人的能力、智力、个性等方面的发展，这些方面的发展都可以利用教育的方式来全方位实现，教育能够全面培养人的各个方面的能力，教育也是促进人全面发展的最有效的途径。开展教育活动的核心目的就是通过不断地实践和探索以验证理论的可行性，并在其中发现最佳的解决方案。学校教学的具体内容是通过实践活动所得的结果，教学中的正确内容是在前人不断的实践中得出的，将这部分宝贵经验传授给学生，就是实践活动的核心价值。人需要从每一个方面进行有效的提升，以提升整体素养与能力。对人的能力的全面提升应当侧重于全面性和自主性能力的发展和增强。这一理念不仅与高校"课程思政"教学改革的目标非常吻合，而且是高校

"课程思政"建设与发展的总体方向。

教育的主要对象是人。马克思关于人的全面发展的思想使我们确定了教育的方针和目的，明确了思想政治教育的任务和指导教育实践的理论依据，从而促进人的全面发展，促进人与自然、人与社会的全方位、全面协调可持续发展。课程思政是高校教育制度的创新，它主要着眼于通过所有课程实现整体育人的效果，将社会主义核心价值观内涵融入课堂教学，实现教学改革，使所有课程成为知识传递和价值取向的重要载体。课程思政是对高校办学模式的全新探索，有助于解决思想政治课与教育专业课脱节的问题，挖掘所有课程所蕴含的思想政治教育资源，对课程进行详细规划。有了教学计划，教师在课堂上传授专业知识时，可以确保对学生灌输积极的价值观。

课程思政建设的一个重要的理论基础就是马克思关于人的全面发展理论，这一重要理论中所提出的价值诉求与"课程思政"所追求的价值取向有着高度的一致性。根据马克思关于人的全面发展理论，人发展的最高境界就是人的全面发展，这既是人类生存所必需的，也是"课程思政"育人理念的根本要求。通过教育培养人时，应侧重人的意识与能力的培养，尽可能释放和发展人个性化的一面。要想让学生得以全面发展，就要采用教育的方式。教育对人的全面发展，对课程育人的全面落实和发展起到理论支撑的作用。[①]

二、马克思关于人的全面发展理论在当代党的教育方针范畴内的发展

马克思在人的全面发展理论中提道："培养德智体美劳全面发展的社会主义建设者和接班人。"它是新时代党的教育方针范畴内的最新发展理论和重要的实践成果。在社会主义建设初期，毛泽东就主张人的全面发展，认为学生应当在德育、智育、体育等方面都得到发展。毛泽东指出，又红又专的劳动者，应该是德、智、体全面发展的劳动者。这应当成为社会主义国家开展教育的根本目标。德育能够解决一个人理想信念方面的问题，智育能够解决教育工作中的专业问题，而体育能够为解决其他问题提供坚实的基础。

我国改革开放政策实施后，党在教育政策和目标上有了长远的发展，确立了"教育为社会主义现代化建设服务……培养德智体美劳全面发展的社会

---

① 张博 . 新时代高校 "课程思政" 建设研究 [D]. 长春：吉林大学，2022.

主义建设者和接班人"。党的十八大以来，习近平总书记明确指出，要"优先发展教育事业"。由此可见党和国家领导人对教育工作的重视程度。在教育方面，习近平总书记进一步强调，要办好人民满意的教育，提升素质教育的发展，不断推进教育公平。无论是新时代的发展还是新形势的产生，都推动着人的全面发展，对教育提出了更高的要求。基于对人才培养的重要理解与认识，以及高校要培养什么样的人才的思考，习近平总书记指出"要努力构建德智体美劳全面培养的教育体系"，将立德树人教育渗透于思想道德教育和文化知识教育的各个环节，这也彰显了中国特色社会主义制度下高校教育的培养目标。

办学要尊重立德树人教育工作的基本规律，以辩证的思维处理教育工作中的诸多问题。人无德则不立，培养人才的根本在于立德。基础教育尤为关注学生思想政治教育、品德教育和社会主义核心价值观的教育，塑造学生自立、自强、自尊、自信的品质。关于高校的长远发展，高校教育的立身之本在于立德树人，即培养高素质、高层次、全面发展的人才。从党在教育方针上的发展与演化来看，能够充分感受到国家层面对教育事业的重视程度以及对育人规律的基本遵循。在课程思政的教育理念之下，最为重要的工作是，推动高校计算机专业课程的创新和改革；对高校计算机专业教学方法进行根本性的创新；在高校人才培养过程中，提高计算机专业教学的质量和水平；在新时代建设的大环境下，培养德智体美劳全面发展的社会主义建设者和接班人。[1]

第二节　有效教学理论

有效教学理论是专业课程思政教学过程中的重要理论基础。本节首先对有效教学进行概述；其次从思政课程有效教学的基本内涵入手，从有效的评估指标、有效的实施计划、有效的实施方法三个方面阐述有效教学理论的深层次教学内涵；最后阐述有效教学行为的特性，即侧重于四个重要层次：教学计划，专业化、规范化的教材，有效的教学方法与技术，教学监测与评估。

[1] 刘慧敏.大学体育课程思政设计研究[D].哈尔滨：哈尔滨工程大学，2020.

一、有效教学的概述

有效教学理论起源于 20 世纪初，是当时教育学领域的重要理论之一，是现代教学理论的重要形式。从概念上讲，有效教学是教师以教育教学规律为标准、以激发学生学习积极性为重点、以达到预定教育效果为目标的教学过程。现代教育的发展越来越需要有效教学，应当充分激发学生对于学习的强烈渴望。这一方面说明了有效教学具有重要的实践意义，另一方面表明了有效教学在实际工作中实施起来还有很大的难度。我国高校实施课程思政建设的目的可以回到教学的初衷，即高等教育以育人为本，要全方位地促进大学生的能力发展。

有效教学在实际应用的过程中受到很多不同方面因素的制约，主要包含教师的教学能力、教学态度和教学内容以及教师所制定的教学目标。例如，教师对教学活动的安排是否合理、科学、有效，在教学的过程中对教学工作是否充满热情、是否付出了自己足够的精力与时间，教学的内容与教学目标是否相符合，等等。以上所提到的几个方面都是我们在教学过程评价中的主要参考因素。具备正确的价值观是有效教学中教师的必备素养，在教学的过程中，教学内容和教学目标应当具有科学性，并具有正确的价值取向，这些方面既决定了教学工作的有效性，也保证了教学工作能够落到实处。

我国高校课程思政建设要求专业课程的教师在教学过程中将基础知识教学与价值引领有机地结合在一起，不仅要注重对学生专业知识的传授和多方面能力的培养，更要侧重于对学生价值观的培育，并将二者有效地结合在一起。在课程思政方面，教师要不断丰富和完善专业课程的教学形式与内容，充分调动学生学习的积极性，通过有温度的价值观教育与专业课程的融合，在学生的专业技术能力学习和价值观、人生观培养中找到内在的关键融合点。

综上所述，不论是从内部的逻辑上来讲，还是从外部的形式上来说，有效教学理论与我国高等学校"课程思政"建设具有高度一致的目标。[①]

就含义而言，有效教学是指高校教师在教育教学的具体操作中必须遵循一定的规律，在课堂教学中保持学生参与学习的积极性并取得一定预期教

---

① 杨金铎.中国高等院校"课程思政"建设研究[D].长春：吉林大学，2021.

学效果的过程。当代教育发展的基础和目的是促进高校的有效教学，充分激发学生的内在潜能。在课程思政实施过程中，全面的教育符合有效教学的理论。我们必须认真推进系统有效的教育整体设计和建设，因为课程思政建设的本体论价值在于表达教育教学的初衷，即深入推进学生全面发展。从实现有效教学的全过程来看，教师不仅要精心组织教学设计，还要不断完善教学要求、教育制度、教育政策等方面。随着时间的推移，课程思政建设要求各学科协同发挥教学的育人功能，保持各学科的整体性，从根本上实现了教学的有效性，满足了有效教学的基础要求。在课程内容上，无论是职业培训课、思政课、素质综合课还是第二课堂，都要保证理论与实践的统一、科学知识与公平价值观的统一，这与有效教学的要求是一致的。因此，推进高校思政课建设是有效教学理论在思政课教学中的应用。①

有效教学理论为课程思政理念的产生、课程思政实践的推进提供了内在的逻辑证明。课程思政作为将思政教育与专业教育融合的教育活动，倡导的不是单一的知识传授和能力提高，而是实现二者的有机结合，尽可能使专业课教学变得丰满与厚重，符合高校思想政治教育规律，这一作用体现了有效教学理论的内在要求，对提升教学有效性是有积极意义的。在某种层面上，丰富的教学内容、灵活的教学方法和清晰的教学目标是实现教学有效性的诸多因素中的重要变量。课程思政作为将"育德"和"育才"统一的教学理念，教师的"教"要统筹育人目标的确定、育人元素的挖掘与融合、课堂秩序的组织、教学方法的创新，不能顾此失彼，各个环节都需要教师在有限的课堂环境中面面俱到，以此来提升学生对思想政治教育的认可度与接受度，调动学生的积极性。学生学习方式的获取依赖于教师的指导。因此，从这个意义上说，提高教师课程育人"教"的效率，是提高课程思政教学效果最主要、最直接的途径。②

二、思政课有效教学的基本内涵

将有效教学当成一种思想，是从西方 20 世纪上半叶的教学科学化运动发源来的，该理念的目标是强化教学过程的评估、提高教师的工作效率、实

---

① 崔琬宜.高校课程思政实施现状及效果提升路径研究[D].石河子：石河子大学，2021.

② 席艳青.兵团高校课程思政实践研究[D].石河子：石河子大学，2022.

现目标管理。有效教学是指"教师通过教学过程的有效性，成功引起、维持和促进了学生的学习，相对有效地达到了预期教学效果的教学"。该理念主要阐述了三个方面的内涵，包括教学取得好的效果、教学获得好的效益和教学达到预期的效率。教学取得好的效果是指通过教师的教育教学，学生在学业上获得了进步。教学获得好的效益是指教师通过对预定的教学计划的实施达到了很好的教学效果，实现了个人和社会的教育需求。教学达到预期的效率是指教师通过预期的教学投入，包括备课、授课、辅导等环节的付出，最后得到了学生收获知识技能的产出，教学的最终效果就是教学的产出。高校思政课与很多专业课程有很多异同之处。高校课程思政主要是通过将思政元素融入专业教学来达到教学目的。课程思政主要是"对大学生进行系统的马克思主义理论教育"，将马克思主义融入课堂，将马克思主义思想入耳、入脑、入心作为考查课程思政教学有效性的主要指标选项。因此，要将课程思政教学的特别性和有效教学的一般性相结合。高校课程思政的有效教学，就是课程思政教师根据教育教学活动的一般流程，利用先进的教育技术和方法，采用合适的教育模式，使马克思主义理论被学生更好地诠释和掌握，将课程思政理论融入专业教学，指导学生以科学的世界观、人生观和价值观来进行专业学习，利用专业教学来提高学生的政治思想理论水平，加强对学生道德素质的培养。根据课程思政教学目标的特殊性，课程思政要全方位、立体化、客观地对教学的有效性进行评估。

（一）有效的评估指标

有效的评估指标是指依据课程思政的教学独特性制定客观的评估指标体系，重点对课程思政融入专业课程教学的契合度进行评估。比如，是否将科学的世界观、人生观和价值观融入教学，使学生入耳、入脑、入心；是否增强了思想政治理论素质教育与道德教育。

（二）有效的实施计划

有效的实施计划是指课程思政教学不仅要知道学生获得了哪些方面的发展和进步，还要知道学生获得的进步和发展的程度与广度。

（三）有效的实施方法

课程思政教学的主要目标就是育人。实施课程思政的时候要对教学目标和教案进行创新，思考如何将思政元素无缝融入专业教学、思政元素与课程内容的衔接是否合理，这对教师的教学能力提出了新挑战。所以，在对课程思政教学有效性进行评估时要求多元化、立体化。

三、有效教学行为的特性

有效教学行为的范畴极为广泛。在对有效教学行为进行总结时，可以利用授课教学行为的特点来进行剖析。有效教学的核心思想有助于增强教师对教学过程的深刻体会，有助于教师反思和总结自身授课行为的有效性，也有助于教师精确地监测和评估有效的教学行为。

有效的教学行为主要包括九个方面的内容：教学准备与教学计划、有效教学的策略、教学测量和评价、教材知识点的构建、教材的呈现方式、教材内容的编排与组织、时间的利用与掌握、和谐友好的师生关系、教学评鉴与信息反馈。将以上所列的有效教学行为的内容进行归纳与总结，可以划分为以下四个层次。

（一）教学计划

在教学过程中，教学计划能够引导教师遵循正确的教学方向，可以使平常的教学活动非常顺畅地落实到位，并能够有效地提高教学质量。教师提前准备好教学计划，能够有充足的心理准备，从而在授课中游刃有余。教学计划能够指导教师的各项教学过程，教师根据制定的教学方法、教学内容、教学目标等开展具体的工作，能够有效地利用教材，引导教学过程的正常进行。

教学计划主要的功能如下。

1.教学目的

制订详细的教学计划可以更加全面地确定教学目的，可以为教育教学提供更好的教学参考，为教学活动的正常进行提供强有力的保障。

2.教材内容选择

教学计划是每个教师授课成功的必要支撑，教材内容是教学计划成功实施的必备资源。

3.教学策略与方法

教学计划能够帮助教师在教学活动开始前选取适当的教学策略、教学方法、教学器具，以便顺利开展教学活动。

4.教学对象

教学计划能够帮助教师关注学生的基本学习情况、对教学内容的兴趣点、学习能力以及对学习的诉求等。

5.教学时间

教学计划的制订有助于教师合理安排教学时间，在有限的时间内传授更丰富的知识点，从而有效提高教学效率。

6.教学测量和评价

教学计划能够为教师提供教学监测和评价的重要参照指标，可以为教学的成功实施提供保障。

要想学生有高效的学习，就要根据教学内容制订科学有效的教学计划。只有制订了详细、有效的教学计划，教学过程才能正常地实施，最终达到预期的教学效果。在整个教学实施的过程中，教学计划起到了引导教学实施的作用，教师授课过程中的每一个环节都必须有详细、有效的教学计划作为保障。教学计划是教学活动实施的顶层设计，只有制订详细、有效的教学计划，教育教学活动的实施才有章可循，才能保障教学质量，将授课内容与授课时间有机地结合在一起。

教师在授课前根据授课内容制订详细、有效的教学计划，其中包括：了解授课目的，熟悉教授内容，制定详细的教学方法与教学过程，以及根据学生的专业特点和个体差别采用全方位、立体化、人性化、专业化的教学评估模式。

（二）专业化、规范化的教材

专业化、规范化的教材是指教材选用必须有深度、有广度。规范化的教材会分章节实现教学目标，教材章节根据教学内容的呈现，由浅入深、循序渐进地为学生提供学习引导。一般教材的章节内容都是按照知识点进行系统整合，教师可以根据学生的实际情况，有目的地选用教材内容进行因材施教，将教材各章节内容进行有机组合，将教材的知识点创建成一条知识主线，完美地展现给学生，达到最佳的教学实施效果。

完整、流畅的教学行为是提高学生学习效果的必要条件。教师在教学过程中通过规范化的教材对知识点进行补充，让学生课后通过阅读教材来补充课堂教学遗漏的知识点，使学生全面地理解、掌握专业教学知识点。

综上所述，选用专业化、规范化的教材是实施有效教学的必要条件，是提高学生学习效果的重要条件。教师根据教材内容制订教学计划，将教材章节内容由简入繁、简单清晰地展现在课堂上，教授内容通俗易懂，这样才能激发学生的学习兴趣，提高学生学习效果。教学过程中教师为了辅助学生学习，最终实现预定的教学目标，就必须使用必要的教学手段和教学方法，将新颖的教材内容恰当地融入教学过程，利用教学策略来激发学生的学习兴趣，让教材内容立体化地呈现在学生面前，使学生有存在感和获得感。因此，教师在授课中完美地呈现教材内容，能够提高学生的学习积极性，增强学生的学习获得感。

（三）有效教学方法与技术

有效教学行为要借助有效的教学方法与技术实现。有效的教学技术可以最大限度地提高教学效果。有效的教学技术包含很多内容，如增强学生的学习动机、激发学生的学习兴趣、提高学生学习关注度、灵活地运用教学策略、开展多元化的教学活动、进行通畅的课堂交流、合理安排课堂时间及构建课堂内外教学资源等。

（四）教学监测与评估

教学监测与评估是指将学生的相关学习行为等信息进行科学化收集，将收集的数据进行分类整理，再依据教学目标确定教学成果，并科学、客观地评估。教学监测与评估的目的是根据学生的学情及时掌握教师的教学过程和学生的学习效果，根据多元化的评价机制来对教育过程进行综合评价，根据评估结果为教学过程提供改进和参考的依据。所以，教学监测与评估具有反馈和提醒的功能，是评价有效教学行为非常重要的环节。教师的教学效果不仅影响到教学质量的高低，还直接关系到学生的学习效果，是实现整个教育目标的重要因素。教师可以利用教学监测与评估数据，及时调整教学策略，激发学生的学习动机，进一步提高教学效果。教学监测与评估是动态的，教师应该在教学过程中，根据教学对象的学情变化实时调整教学方法，最终实现教学目标。

第三节　隐性教育理论

隐性教育理论是课程思政教学工作高质量开展的一项重要理论基础。在探寻新工科背景下计算机专业课程思政教学改革与实践路径工作中，必须对该理论进行深入的研究。本节将以该理论为中心，就其研究观点作出系统性论述。

一、隐性教育理论的起源与我国隐性教育的研究

所谓"隐性教育"，是指施教主体为了达到社会价值的最大化这一最终目的，运用隐性教育资源和多种多样的教学方法打造出教育实践活动，确保教育对象在潜移默化中学到所要学习的知识，并且对有关事物和现象产生更为深刻的认知。这种教育形式最早出现于 20 世纪 60 年代的美国，是美国学者杰克逊在《教育生活》一书中提出的，之后被人们广泛称为"隐性课程"。杰克逊认为，学生在校学习生活期间会获得更多的知识、产生正确的价值观念、形成正确的态度动机。教师作为施教主体，应以隐性课程和文化底蕴为载体，影响学生的价值观、道德观、思想观、情感观等，并且为学生的个性化发展提供理想教育环境；学生在实践活动中也可以将自己的感受与他人广泛分享，让施教过程变得"润物无声"。

"孟母三迁"的故事说明了人的行为习惯受现实环境的影响，体现了隐性教育对人的成长起到了非常重要的作用。我国《教育大辞典》对"隐形课程"的定义是：学校政策及课程计划中未明确规定的、非正式和无意识的学校学习经验，与"显性课程"相对。具体指在学校情境中，学生在无意识状态下获得经验、理想信念、价值观等意识形态内容，或者说是学校通过内

隐、间接的方式呈现的课程。① 我国在 20 世纪 90 年代才出现隐性教育的定义和研究，但是它重点研究的范围主要在于思想政治教育的学科。隐性教育是指引导学生在教育性环境中直接体验和潜移默化地获取有益于学生个人身心健康和个性全面发展的教育性经验的活动方式与过程。②

习近平总书记在 2019 年 3 月 18 日学校思想政治理论课教师座谈会上发表重要讲话时指出："要坚持显性教育和隐性教育相统一。"这表明了隐性教育在思想政治教育中同样具有重要地位。隐性教育的内容特点包括：具有非智能性和素质性，注重学生的思想、政治、道德培养；具有非学术性，任何一门专业课程都拥有隐性知识内容。隐性教育的手段具有隐蔽性和渗透性，可以悄无声息地濡染学生的意识。③

二、隐性教育在思政教育领域的运用

隐性教育与我国高校的思想政治教育在很多教育特性上有着相似性和一致性。隐性教育的主要特点是体现参与者的交互性、情感的传递性、教育的多元化，而这些特质恰好是高校思想政治教育所需要的。在信息技术高速发展的今天，学生的思想观念、行动模式和思考方法都发生了翻天覆地的变化，这对高校思想政治教育提出了更高的标准要求。由于思想政治教育课堂存在一定的教学局限性，思想政治教育可通过隐性教育来进行强有力的补充，使学生在潜移默化中从隐性教育中得到提高，促进学生全方位发展。

隐性教育延伸到思想政治教育领域就有了"隐性思想政治教育"的说法。这是课程思政建设的又一重要理论基础。高校理工科课程思政正是一种针对理工科专业学生的隐性思想政治教育方式。相比较而言，课程思政这种隐性思想政治教育能够有效化解大学生在单向理论灌输之下可能产生的抵触情绪。因此，思想政治理论课与课程思政"并肩作战"——显、隐性思想政治教育相结合，更易起到良好的育人作用。

通过隐性渗透，将德育融入各专业课程，以达到育人的目的。课程思政

---

① 刘诗含.黑龙江高校课程思政建设实效性研究[D].哈尔滨：东北农业大学，2021.

② 李若鑫.立德树人视域下大学本科公共体育课课程思政实施路径研究[D].开封：河南大学，2022.

③ 夏静.高校理工科课程思政建设研究[D].济南：山东大学，2022.

教育的功能与隐性思想政治教育完全吻合，具有隐蔽性、渗透性和潜移默化的特点。课程思政不仅仅是必修课，更重要的是让学生爱上中华优秀传统文化，接受文化的熏陶和洗礼，提高文化自主性，培养良好的价值观。课程思政在教育教学中起着引导学生形成良好的价值观、人生观的作用。

三、隐性教育的特征

隐性教育具有偶然性、意外性、开放性、隐蔽性和自主性等特征。其中，偶然性是指教育过程的随机性，即在实施教育活动的过程中至少有一个教育者或受教育者是无意识的，整个教育过程处于随机状态；意外性是指教育成果难以预测，隐性教育的教育因素是潜在的，即使教育者依据原定的教育计划进行教育教学，也会得到意想不到的结果；开放性是指学习者在显性课程之外所学的内容，学校、家庭和社会生活中可能包含隐性教育因素，脱离了教育者对教育因素的控制；隐蔽性是指隐性教育的教育内容不如显性教育那样显性、明确，其教育内容是隐性的，其教育方法是间接的，隐含在某些活动形式中；自主性是指在隐性教育中，受教育者处于一种自发状态，能够充分发挥受教育者的能动性。[1]

四、隐性教育在思政教育领域的意义

隐性教育理论对于高校思想政治课程建设工作有着重要的意义。隐性教育理论与思想政治教育的结合，构成了课程思想政治教育的理论基础。每一位专业教师的课程教学中都有隐性知识，每门专业课也都有隐性知识内容。隐性教育强调教师在向学生传播知识时，通过强调爱国主义、敬业、诚信、善良等价值观的教育来提高学生思想道德觉悟，使其养成崇高的思想道德品质，养成良好的行为习惯。隐性教育理论对课程思政教育工作具有重要的现实意义，对课程思政教育机制的进一步完善和发展也具有指导意义。隐性教育可以通过学生喜闻乐见的方式，有效化解教师与学生之间的矛盾，因势利导，正确引导学生，让学生在潜移默化中接受相关理论。隐性教育是高校思想政治教育工作的有效组成部分。[2]

---

① 刘诗舍.黑龙江高校课程思政建设实效性研究[D].哈尔滨：东北农业大学，2021.
② 孙汝兵.广西高校课程思政育人机制研究[D].桂林：桂林理工大学，2020.

五、"隐性思想政治教育"定义的提出

一些国外课程专家通过研究慢慢认识到，学生除了在学校机构内学习课程或在教师指导下学习教材的内容外，还受学校制度、集体生活和学校氛围等特点的影响。课堂上有计划有意识的教学有时会产生相反的"无意识学习结果"。每门课程的内容都无形中经过了社会的价值体系和意识形态的过滤。价值观和道德在学生的学习行为和生活习惯中得到了渗透。专家认为，学校生活中这些隐藏的、潜伏的、无处不在的因素影响着每一个学生。

1968 年，美国学者菲利普·杰克逊编写了《课堂生活》一书，该著作首次提出隐性课程的定义。他通过隐性课程的定义来展现和讨论规章制度在学校中的作用，指出群体、表扬和权威这三个特征影响着学校生活，对学生有着无形的教育作用。杰克逊指出，隐藏的课程不仅揭示了以前未被认识到的课程元素，还提醒我们学校在过去发挥重要作用的各种未被发现的方式。

此后，弗里丹·柏格、柯尔·柏格等西方社会教育家就隐性课程问题展开了研究。关于隐性课程的定义存在多种不同的观点。根据罗兰恩特·梅根的说法，隐性课程是指"除正式教学大纲之外在学校学到的一切"，或者是指学校或教师授课中没有教授的内容。无论教师教得多好，课程多先进，学校教学多全面，总有一些潜在内容可以传递给学生。这些内容不需要在课堂上传授，也不需要以任何形式反复灌输，但总能通过学习氛围影响学生的人生观和价值观。《国际教育百科全书》认为，所谓潜在课程，一般是指形成学生的非正式学习的各个因素，如师生关系、能力分组、课堂规则与程序、隐喻的教材内容、学生的性别差异及课堂奖励方式等。

在学校课堂教学与实践活动中，以上因素并没有明文规定，却在广大教师内心之中根深蒂固，成为一种心理契约，在学生日常学习生活中产生了极为重要的影响。因此，将隐性教育的原则纳入思想政治教育活动就成为一种必然。早在 20 世纪后半叶，国外诸多发达国家开始注重隐性教育的全面开展，特别是美国将其作为思想引导和启发的一个重要法宝，并且在教育实践活动过程中，对一系列公开和正面的教育方式更是高度重视。其间，广大西方发达国家教育工作者相信对学生进行直接且理智的思想和道德引导，往往会让教育对象未来拥有更为理想的发展。

　　然而，他们觉得这种直接的方式还远远不够。他们认为，通过间接的、综合的、浸润的方式实施教育能起到更好的教育作用，这种思想政治教育方式具有很大的自然性和隐蔽性，可以在不知不觉中进行思想政治教育，学生可以潜移默化地认同他们的政治制度和道德标准，这就体现了课程思政的隐性教育。隐性思想政治教育选择了学生的"无意识"作为教育过程的开端，使之转化为"有意识"的结果。①

六、隐性思想政治教育理论的正式提出

　　现在普遍认为"隐性课程"这一概念是由杰克逊在《课堂生活》中第一次明确提出的。他在这本书中提出，构成学校班级生活的有三个重要的隐性课程因素：一是"群体"（crowd），群体生活充满了各种规则、规定、常规，生活在其中的学生必须在满足的延迟、欲望的打消、工作的中断中才能理解和适应它，使自己在真正意义上成为群体的一分子。二是"表扬"（praise），即班级中教师的评价、学生之间的评价等使学生尽力与教师和班级所要求的价值保持一致。三是"权力"（power），班级中的权力结构和差距是班级社会结构的重要组成部分，学生对社会的适应首先是从适应班级的社会结构开始的。杰克逊认为，学校是社会规范同化最有力的场所，学生的社会化和价值学习是隐性教育的核心内容，这一点必须予以足够的重视。当代美国教育学家托马斯·里可纳在 1991 年出版的《品格教育——我们的学校怎样教授尊敬和责任》一书中，进一步发展了隐性思想道德教育的理论。他在该书中提出了以下两个重要的观点。

（一）品格三要素论

　　将道德情感、道德行为和道德认知三个要素进行有机结合，是里可纳对优秀品格的定义，他对三个要素的构成分别进行了说明。他的思想为学校品格教育的实施指引了方向：品格教育将三个要素采取多样化的模式进行深度融合，每个要素都是品格教育的重要组成部分，是学生形成良好品格不可或缺的组成部分。

---

① 任雪萍.大学教育中的隐性思想政治教育[D].合肥：合肥工业大学，2002.

（二）综合品格教育框架

品格三要素的相互融合，要通过多种因素的内容和方法进行交融。所以，思想品德、品格的培养必须充分运用各种思想道德资源。以此为基础，里可纳提出了十二种品格教育策略：①重视教师的角色——照顾者、榜样和导师；②创设一个充满爱的班集体；③在课堂上营造道德社会；④强化道德纪律；⑤营造民主的课堂环境；⑥通过课程传授价值；⑦使用合作学习策略；⑧培养学生的学习责任感和对学习价值的关注；⑨鼓励道德反思和教授解决冲突的方法；⑩培养课堂外的关怀；⑪在学校营造积极的道德文化；⑫家庭和社区应成为合作者，共同重视教育。里可纳的德育框架在空间上涵盖了校内和校外环境，人员包括教师、家长和相关社区人员。思想品德教育环境营造为隐性教育提供了现实的路径，具有充分的可操作性。

七、隐性课程思政的理论基础

国内外教育专家学者对隐性课程思政进行了多年的深入探究，并且为隐性课程思政的开展提出了很多重要的理论观点，为隐性课程思政的顺利实施打下了坚实的理论基础。

（一）西方隐性教育思想的借鉴

约翰·杜威是美国实用主义哲学的代表人物之一。实用主义起源于 19 世纪末的美国，流行于 20 世纪初。到现在它仍然被公认为美国的官方哲学。其主要特点是注重对生活环境的处理，尊重主观经验，强调行动的有用性和有效性。作为著名的哲学家，杜威非常重视道德哲学和教育哲学以及它们之间的联系，他认为"道德是教育的最高和最终目标"，道德过程和教育过程是相互融合的。杜威的教育思想奠定了思想政治教育隐性理论的基础。杜威在其教育理论中提出了许多重要观点，为隐性教育理论的出现打下了坚实的基础。

鉴于此，他研究出版了《教育中的道德原理》《民主主义与教育》等多部举世闻名的著作，他将道德教育理论作为教育活动顺利开展的必要支撑。他明确强调，学校是一种具有代表性的社会组织，教育活动本身也是一种让学生变得社会化的过程，学生的在校生活应该是一种社会生活的简化，学校教育的内容也应该充分反映社会生活，学校道德与社会道德应该保持高度一致，所以在进行学生思想道德的引导工作时不能存在两种伦理学原则，而学校为学生所提供的教育也应是社会生活教育。他还认为，学校的道德教育应将精力放在对社会生活方式这一概念的研究上，最为理想的实践方式就是为学生提供一种印象极为深刻的道德训练，这样才能确保学生在学习与工作过程中保持思想高度统一，与他人之间能够保持一种适当的关系。这一观点的提出，显然是对当时美国学校教育现实情况的一种批判，这是由于当时美国的学校是在社会精神十分匮乏的情况下来训练学生，这显然很难实现对学生有效的道德训练。

总而言之，社会对教育的责任是其最高的道德责任。如果学校生活要一定程度展现社会生活，那么学校德育工作就应该以社会教育为主要内容。杜威主张通过学校生活和各科教学对学生进行"间接道德教育"，而不需要专门的道德课，因为学校生活和各科教学中包含着丰富的德育内容。他指出，学校生活、教材和教学方法是学校德育可以利用的三大资源。它们相互依存、密不可分，堪称"学校道德教育的三位一体"。

综上所述，道德教育应该放在各科教学的优先位置。杜威曾说，一些教育批评家指责学校没有专门的道德课，道德教育薄弱，这种批评是不客观、不公平的。事实上，教师的教学，时时刻刻都在对学生进行道德教育。他说："如果说道德教育有问题，不是没有进行专门的道德教育，而是受整个学校的氛围、教师的人品、教学方法和教材的影响。教师的教育并没有使知识的作用与道德教育有机地结合起来。道德教育这一更广阔的、间接的、重要的部分，可以通过一切制度、一切手段作用于学生人格的成长。学校生活的现实教育，是我们当前讨论的主题。"[①] 杜威的观点是将道德教育的内容融入学校生活各学科教学。上述杜威的教育理论包含了隐性道德教育的观点和思想，为隐性教育理论的诞生打下了坚实的基础。

（二）我国教育专家和学者的相关阐述和见解

关于隐性教育学说，我国教育专家和学者也进行了各种探讨，其见解各

---

① 葛贤平．杜威道德教育思想评析 [J].安庆师范学院学报（社会科学版），2002，21（3）：82-85.

有特点，其中不乏新的见解。我国台湾学者陈伯璋认为，隐性教育有两个部分："常数"和"变数"。其中，"常数"部分是指普遍存在于学校教育各个环节的"社会意识形态"和教师的期望、教学内容中所蕴含的意想不到的意义、课堂上的变化模式、互动交流的过程等。"变数"部分既包括组织教学、能力分组、升留级制度等"组织变数"，也包括校风、领导风格、师生关系、人际关系等"社会系统变数"，还包括信仰体系、价值观、认知结构、意义和其他社会维度等"文化变数"。但无论是"常数"还是"变数"，我们都可以看出，陈伯璋认为隐性课程的思想道德教育成分是重要的，也是颇为有效的。

我国著名的教育家陶行知先生，对我国现代各派教育思想与国外的主流教育思想进行了综合，根据我国的实际情况，提出了很多具有代表性的教育思想。陶行知先生提出的德育思想，有着浓厚的时代风格和国家特色，他所提出的德育教育对当代大学生能力提高有着重要的现实意义，是我国教育史上的重要财富。陶行知先生认为德育教育是生活教育理论形成的重要组成部分。他在生活教育实施的环节中，归纳出了独具民族风格的德育方法，不仅为增强现代思想道德水平作出了重要贡献，而且为如今大学生思政教育提供了强有力的理论依据。陶行知先生倡导"生活即教育"。将生活融入教育，就可以随时随地进行教育。将该观点应用在德育教育上，那么德育教育可以在任何时间、任何地点、任何场合实施和实践，德育教育覆盖的领域会非常广泛，可以突破时空的限制。

陶行知先生提出的德育思想对高校的启示：德育的中心目的体现在学校的一切工作中，学校实施的所有教学工作都必须蕴含深刻的道德意义。只有将德育工作融入教育的方方面面，将道德性融入学校的每一个教育环节，德育才能植根于坚实的土壤和良好的德育教育氛围中，这样德育教育才能发挥效力，获得持久的生命力。例如，在公共课中充分发挥专业课的"载体"和渗透作用，在专业教育中融入与专业相关的伦理知识，将德育渗透拓展到专业教育空间；借助多媒体技术和新一代信息技术对"两课"教育进行改造，将教学中的"情"和"趣"进行有机融合，让枯燥的"两课"课堂活起来。校园人文环境有助于培养学生的精神境界、思想感情，在营造美好校园的过程中，鼓励师生多接触艺术生活，接受艺术教育。

将艺术教育当作德育方法，可以赋予大学生很强的审美情趣，陶冶学生的道德情操。陶行知的德育思想是一种既符合现代中国国情，又符合现代社会发展趋势的理论。该思想内容丰富，手段独特鲜活，学起来新鲜感人，给人以触动、启迪和鞭策，它不仅在我国近代教育进程中发挥了重要作用，而且在当代大学生的道德教育中也发挥了重要作用。

八、隐性思想政治教育与显性思想政治教育

明晰隐性思想政治教育和显性思想政治教育的定义，在深入理解二者核心内容的基础上，寻找它们的区别和联系，让高校思想政治教育工作更好地落地生根。

（一）显性思想政治教育

虽然显性思想政治教育在教育实践活动中长期存在，但该方法概念是在20世纪90年代初隐性教育兴起后总结出来的，与隐性教育方法相对应。在思想政治的范围，显性思想政治教育称为"显性教育"，也称"自觉教育"，是指根据一定范围的社会需求、思想政治教师设计的教学目的，充分利用各种公共场所、公共方法，有意识、有计划、有组织的，对学生有影响的公开的教学活动，是有意识的、直接的、明确的教育教学活动，使用语言和文字来传授推理，使学生获得显性的思想政治教育信息。显性思想政治教育的本质是对学生进行直接传授和教育，使学生形成符合一定社会需要的人生观、价值观和社会观。显性思想政治教育具有开放性、直接性、强制性等特点。

1. 开放性

开放性是显性思想政治教育最重要的特性。教师在公共场所利用开放模式，向学生显性地传授思想政治教育的内容，公开讲授思想政治教育的特性、目标和理念，以及向学生传授一定社会思想准则、行为规范和政治主张。

2. 直接性

教师对学生面对面直接授课，是显性思想政治教育直接性的体现。在传统教育模式中，教师对学生进行直接传授，使学生直接接受思想政治教育，这属于强制说教的过程。

3. 强制性

强制性是在思想政治教育实施阶段，国家或组织以制度模式施加的。例如，升国旗、唱国歌等都是国家以法律的形式规定的；国家教育主管部门规定，高校必须开设思政课，大学生必须完成规定的思想政治课程，并顺利通过考核才能毕业，这是高校思想政治教育的保障。显性思想政治教育的本质和特点决定了这种教育方式对于传播马克思主义思想、维护社会稳定有着非常重要的作用。这种制度性教育必须一直坚持，应当成为当前思想政治教育的主要方法之一。

高校思想政治教育工作主要包含以下三种形式：第一种是思想政治公共课程。该教育形式显然具有高度的公开性，并且能够确保思想政治教育工作的大规模开展，确保对学生进行广泛的爱国主义教育、集体主义教育、社会主义教育，达到普遍影响学生思想价值观念的目的。第二种是集中性的思想政治宣讲活动。该教育形式是一种大规模、公开化的教育（如先进事迹报告会等），确保学生内心深处能够对思想、价值、道德观念有更为直接的认知。第三种是学校和专业党团组织的政治学习活动（如时事政治学习班等），主要对某一部分学生的思想、价值、道德观念进行全方位引领。

在高校思想政治教育方法中，这三种形式一直占主导地位，既发挥着强有力的政治引导作用，又发挥着重要的教育作用。它们已经成为学生重要的人生取向和政治取向，引导他们朝着国家和社会需求的方面发展。然而，任何思想政治教育方法都有其限定的范围和功能特性，所以显性思想政治教育自身也存在一定的局限性。

在全球化势不可挡的今天，西方自由主义、个人主义、实用主义等多元化思潮随着大众传媒与互联网进入校园，影响着学生的思想和行为。市场经济和经济全球化在改变着学生生活的社会环境，学生的心理和思想状况呈现多样性与自主性的特点。这些因素使得显性思想政治教育的效果大不如前，学生自主意识增强，对思想政治教育产生了一定程度的抵触心理，其实际上损害了思想政治教育的权威性，动摇了思想政治教育工作者的信心。各高校在坚持马克思主义灌输理论的前提下，应该创新思想政治教育方法，在以显性思想政治教育为主导的基础上，发展隐性思想政治教育，取隐性教育方法之长补显性教育方法之短。

（二）隐性思想政治教育

20 世纪中叶，世界各国学者开始关注隐性教育，并在思想政治教育中添加隐性教育原理。到了 20 世纪 80 年代，国内教育者对弗洛伊德无意识理论不断进行深入的研究，在思想政治教育领域，隐性教育作为一套全新的教育模式进入人们的视野，并受到越来越多人的关注。隐性教育是一种相对独立于显性教育的创新性的思想政治教育模式。

隐性教育在思想政治教育模式中称为隐性思想政治教育，也称"潜意识教育"。隐性思想政治教育与显性思想政治教育有关，是指思想政治教育以行为规则为基础，为改变教育对象总是以被动适应的态度接受教育的现状，依据既定的教育内容和计划，隐藏教育主题与教育目的，淡化对教育对象作用的认识，使教育内容在无形中融入教育对象的学习生活的方方面面，以非强制性的模式引导教育对象去感知和体验，让教育对象可以在不需要意志力的情况下学习，将预定的教育内容循序渐进地吸收，从而将组织的意志转化为对他们自觉学习的教育。

隐性教育模式的核心内容是教师根据教学目标，对教学内容进行精心设计，有目的地进行教学，而教育对象在心理上却不知情，不自觉地受到教育的影响。其教育形式是横向的、非直接的，教育方式是"巡回"和"融入"的，教育效果是面向长远的。隐性思想政治教育具有以下特点。

1. 载体依附性

隐性思想政治教育利用间接方式进行知识的传授，必须有某种"载体"或"替代物"，这就需要依附于特定行为、场景、媒介等来传递经验，即不能与载体分离。思想政治教育主体的教育目的、教育意图和教育内容需要依附于载体，利用载体的传递性才能对教育客体产生影响和作用。

2. 传授隐蔽性

隐性思想政治教育不是用"灌输"和"说教"的方式把道理、观点和要求告诉学生，而是把教育的意图和目的融入教育的内容和方法，教师将前期设计好的内容融入各种特定的形式和载体（如场景、文化、管理、媒体等），这些设计好的方法会根据不同的载体，按照教师预先设定的方法，使学生在一定的环境和气氛中获得感悟，这种感悟是无意的、自发的。

3.学习愉悦性

隐性思想政治教育是一种让教育对象在欢乐、兴奋、肃穆、悲伤、愤怒等情绪中不自觉地进入教育意图状态，从而潜移默化地受到道德品质、情感意志、价值判断、行为能力等方面的熏陶。隐性思想政治教育所具有的潜移默化的特点，在新时代思想政治教育中具有独树一帜的优势。

（三）隐性思想政治教育和显性思想政治教育的关系

隐性思想政治教育和显性思想政治教育在字面意义上是相对独立的关系，但从研究对象来看，"隐性"与"显性"是对比关系。要明晰"显性"与"隐性"的区别，可以从以下几个方面进行研究。

1.教育实施路径区别

隐性思想政治教育与显性思想政治教育之间存在的区别在于教育方式是直接实施还是间接实施，是否需要载体的支持。让教师与学生双方面对面地进行知识传授体现了显性思想政治教育的直接性，它一般利用传统教育模式，拥有明确的教育目标和教育方法，可以达到立竿见影的教育效果，属于"灌输式"的教育过程。教师将要教授的内容融入一个中间载体，然后通过中间载体将内容传递给学生，让学生间接地进行知识的吸收是隐性思想政治教育间接性的体现，它常用"渗透"和"递归"的间接教育方法，注重长期的教育效果，属于自然的学习过程。

2.学生的地位不同

隐性思想政治教育或显性思想政治教育都是教育施教主体有意识、有计划、有组织地进行教育实践，在教育过程中处于主导地位的是教师。显性思想政治教育中，处于被动地位的是学生，他们被动地接受教育，教师不会根据学生的特点、需要和环境来规划教学设计。隐性思想政治教育的主体是学生，学生占据主体地位，教学活动自觉地将组织意志融入行为教育和场景教育，按照学生不同的特长和爱好选择恰当的教育载体，最大限度地激活学生的主观能动性和学习积极性。

3.教育方式不同

显性思想政治教育是采用封闭式的教育方式，利用教师正面宣讲和强制填充的自上而下的方法来完成学生的学习教育过程。它对学生产生强大的影响，教育的范围被限定在特定的时间、特定的地点和特定的群体中。

隐性思想政治教育采用开放式的教育方式，利用隐性教育资源，设计创造学习环境，教育活动利用中间载体进行思想政治教育信息传递，潜移默化地对学生起到熏陶作用。

将显性思想政治教育和隐性思想政治教育的内涵和特点进行相对的区分之后，还需对其进一步解释和说明，其实隐性思想政治教育与显性思想政治教育之间既存在联系也有区别，对它们的界定是相对的。隐性教育的要素隐藏在显性思想政治教育中，显性教育的目的和意图在隐性思想政治教育中得到强化。所以，在坚持显性思想政治教育的基础上，创新发展隐性思想政治教育是我国当前的思想政治教育的发展方向。强化思想政治教育实效性是我国教育的必然选择。

第四节　建构主义学习理论

建构主义学习理论是由瑞士的皮亚杰最早提出的。皮亚杰认为建构主义学习需要学生有一定的认知基础和认知能力，同时强调了学习环境要具有真实性。学生原始认知基础不同，会对教师讲授的知识产生不同的理解。美国儿童发展心理学家科尔伯格对皮亚杰提出的理论基础开展了深层次的探究，重点是对认知结构发展的性质和条件进行研究。后来，斯腾伯格、卡茨等人也对这一理论开展了研究。他们指出个体能动性在认知结构建构过程中起到关键性作用，并解释了如何在建构主义学习过程中发挥学生的主观能动性。这些研究者的研究使建构主义学习理论的产生成为可能。将理论应用到教学过程中，是教学过程中理论得以发展和提高的条件。

一、建构主义学习理论概述

建构主义学习理论具有代表性的人物是瑞士心理学家皮亚杰，他将"儿童与客观环境之间的相互影响"作为重要切入点，探究出两个极为重要的概念，即"同化"和"顺应"。"同化"是一种心理现象，是儿童主动将客观环境所传递出的具体信息作为自己认知结构的重要组成部分，并最终形成内化的全过程。"顺应"也是一种心理现象，是儿童认知结构随着客观环境变化而变化，进而将其进行重组或改造的过程。对"顺应"更为直观的表述是，儿童认知结构受到外部环境刺激而发生转变，以求能够适应外部客观环境的心理变化过程。

前者显然是将重点放在了扩充儿童知识结构的整体数量上，后者则是对认知结构的性质进行了改变。对学生而言也是如此，"同化"与"顺应"都能够让学生与其所处环境之间保持一种平衡状态。如果学生能够通过现有的图式对所处环境传递的信息进行同化，其自身就会与所处环境形成一种平衡状态；反之，如果不能通过现有的图式对所处环境传递的信息进行同化，那么其自身就会将原有的平衡状态打破，通过对现有图式的修改或调整，进而与所处环境形成一种新的平衡关系，这也是"顺应"心理的一种直接表现。这两种平衡形成的过程可以通过"平衡—不平衡—新平衡"这一路径来表示。

将学生作为信息加工的主体是建构主义学习理论研究的重点。学生是建构学习过程的主体，具有主动性；教师则促进学生进行认知结构的建构，具有辅助性和推动性。因此，在教育教学工作过程中，教师必须根据学生实际的学习情况、学习经验、心理结构、信念，帮助学生进行知识建构，从而让学生的学习过程变得更有意义。在这一过程中，教师要充分发挥其主导作用，尊重学生在"教"与"学"过程中的主体性，进而让学生能够主动形成自我认知，构建出较为理想的学习场景。另外，在教学的全过程中，教师还要高度关注对学生自我控制能力的培养，帮助学生有效减少外部因素所带来的影响，进而形成一种具有高度独立性的学习意识。

就当前中国高校课程思政建设与发展的实际需要而言，各门课程任课教师不仅要在价值观念方面能够为学生提供有效引导，更要注重对学生相关知识的传授、技能的培养和提高，充分发挥出自身的教学主导性，注重以学生为主体，结合学生固有的认知结构引导学生主动进行新知识体系的构建。例如，在专业课程教学活动中，选择隐性的教育资源，要确保其与学生日常生活实际保持紧密联系，这有助于学生与之形成共鸣。该教学方式的有效应用，不仅可以让学生全面接受和高度认可课程思政教学活动，更能让课程思政教学活动从"有形"转化为"无形"。因此，建构主义理论对我国高校课程思政建设具有重要的指导意义。[①]

---

① 杨金铎.中国高等院校"课程思政"建设研究[D].长春：吉林大学，2021.

二、建构主义学习理论产生的根源

毋庸置疑，任何一种理论形成并最终被社会广泛认可都并非偶然，都是在潜心研究与探索过程中逐渐积累，并最终形成的。建构主义学习理论的产生并被教育界广泛认可也是如此。其产生的根源主要包括以下两部分。

（一）建构主义产生的哲学根源

建构主义理论是当代西方国家兴起的一种社会科学理论。现代建构主义思想的出现使得越来越多的研究者把意大利著名哲学家维柯和德国著名哲学家康德放在一起。当代美国建构主义者冯·格拉塞斯菲尔德把维柯誉为"第一位清楚明确地描述建构主义的人"，他认为维柯发表于1710年的论文《论意大利最古老的智慧——从拉丁语源发掘而来》中所提出的"真理即创造""人只能认识自己所创造的东西"等理论第一次清楚地表达和描述了建构主义思想。

较为普遍的观点是，建构主义的思想源于康德对理性主义与经验主义的综合。康德哲学思想是围绕人的主体性展开的。康德认为，主体不能直接通向外部世界，而只能利用内部建构的认知原则去组织经验，从而发展知识；康德相信世界的本来面目是人们无法知道的，而且无须推测它，人们所知道的只是自己的经验而已。康德在他的理性批判哲学中，分别从认识领域、实践领域等不同角度建构个体主体性思想。

（二）建构主义产生的心理学根源

除了哲学思潮的影响之外，心理学自身的理论和流派演进是认知主义向建构主义理论发展的直接原因。

在这一发展及演变过程中，皮亚杰的儿童认知发展理论（活动内化论）对此起到了重要的推动作用。皮亚杰认为，学习是一种"自我构建"，个体思维的发展过程就是儿童在不断成熟的基础上，在主客体相互作用的过程中获得个体经验和社会经验，从而使图式不断地协调、建构（平衡）的过程。皮亚杰强调主体心理机能的形成，其理论可以说是一次内化的个人建构过程。但这一理论是不全面的，因为个体不可能自发地协调心理机能，而心理机能是不断内化的过程。尽管皮亚杰的理论有这样或那样的缺陷，但他仍然是认知理论界极具影响力的一位心理学家，甚至可以这样说，他的发生认识论原理在有关儿童认知发展学说中"构成了一个时代"。皮亚杰关于建构的思想是当代建构主义理论的重要基础之一。

在皮亚杰理论的基础上，科尔伯格在认知结构的性质与认知结构的发展条件等方面作了进一步的研究。斯腾伯格和卡茨等人则强调了个体的主动性在建构认知结构过程中的关键作用，并对认知过程中如何发挥个体的主动性作了认真的探索。20世纪70至80年代，美国现代认知学派的主要代表人物布鲁纳等人把苏联著名心理学家维果茨基创立的"文化历史学派"引入美国，在西方心理学界引起了强烈的反响。维果茨基认为，学习是一种"社会构建"，他创立的"文化历史发展理论"强调认知过程中学生所处社会文化历史背景的重要作用。在此基础上，以维果茨基为首的"维列鲁学派"（苏联形成的以维果茨基、A.H.列昂节夫和A.P.鲁利亚为首的心理学派别）深入地研究了"活动"和"社会交往"在人的高级心理机能发展中的重要作用。建构主义理论融合了皮亚杰的"自我建构理论"和维果茨基的"社会建构理论"，并将它们有机地运用到学习理论中，形成了"意义建构"。上述研究都使建构主义理论得到了进一步丰富和完善，为实际应用于教学过程创造了条件。[①]

三、建构主义学习理论主要观点

建构主义学习理论之所以在教育领域被视作基础理论，原因在于其所阐述的观点不仅具有代表性，还具有非常鲜明的基础性，能够对教育教学工作的高质量发展起到至关重要的推动作用。建构主义学习理论主要由以下两个核心观点构成。

（一）知识观与学习观

建构主义学习理论学者认为，知识会随着时间的变化和人类社会的进步而不断演进。它不是某个问题或现实的最终答案，而是一种假设和一种解释。从建构主义的视角看，随着学生不断丰富自己的经验和积累知识，教师

---

① 杨维东,贾楠.建构主义学习理论述评[J].理论导刊,2011（5）:77-80.

所教内容和教材不会被视为完全正确的标准答案。就像科学一样,科学与真理是存在异同点的,科学在现实中无限靠近真理,但科学并不等同于真理。这种理论证明了知识不是一定权威和一成不变的,教师不能单纯地利用知识来控制学生自主学习的主动性和创新性。所以建构主义学习理论强调,人对客观世界的认识因所在环境、物质特性和教育背景的不同而有所不同,接收的信息和学习的知识也一定有所不同。学生的学习过程是自我体验不断丰富的过程,学生在这个过程中对知识进行辨别和分析。

(二)学生观与教学观

学生观重视学生在自我完善和提高的过程中形成独特的、自我适应的思考方法。这一特点说明了学习活动的主体应该是学生。学生通过对学习经验、理论和思想的广泛研究,不断发现学习问题,然后将问题与自身结合起来,最后形成合理的解释。在学习过程中,教师主要起到传递和转化的作用,要让学生体会和掌握适合自己的学习方法和学习理念。教育理念一直以来都强调统一,即教育没有区别。究其原因,有两点:第一,教育过程本身会受多种因素的制约,尤其是教育资源。第二,在基础教育阶段,受课程安排、目标过程、测试需要等因素制约,知识传授方法僵化,忽略了学生自身的创造力,制约了学生的创新精神。从建构主义学习理论来看,学生应该不断地提出与自己理解不同的新观点,要明白知识的准确性是相对的。大学生已经具备了独立思考的能力,能够自我分析和认识客观世界,教师要对其进行正确的引导,将提高大学生沟通能力作为其自主学习的重点。教师应该鼓励学生利用所学的知识,从正常的视角对所学的理论提出不同的看法。经过质疑的知识更有说服力。教师不应盲目否定学生原有的知识体系,必须以基础为树干,把接受和学习的新知识作为树枝,丰富和完善学生的学习体系,使之形成茂密的知识大树。

该理论还倡导情境式、实事求是的教学模式。教学情境的创设是教学设计的主要内容之一。在情境创设中对知识进行假想、解决问题的过程就是对知识的处理和转化。同时,教师创设的情境要关注学生的实际,所提问题不能脱离现实,从而使情境更加生动,帮助学生真正融入情境,积极思考。

四、建构主义学习理论在课程思政资源开发中的应用

在建构主义学习理论的全面深化与落实过程中，只有做到将知识与学生有机结合起来，才能确保为学生构建出的知识体系可以让学生产生学习动力。而在以往的思想政治教学活动开展过程之中，教师惯用的方式是"宣讲"和"灌输"，这种常态化的教学方式对思政课程知识结构进行机械式的传授，会导致学生对课程内涵不能深入理解，会使学生对学习产生抵触情绪。

浙江大学马克思主义学院教授、博士生导师刘同舫对建构主义和高校思政课的理论关系着重进行了阐述，同时在综合分析认知心理和学生学习规律的基础上指出，建构主义学习理论是高校思政课顺利进行的基础，是高校课程思政成功实施的依据。学生的主动学习是构建主义学习理论的关键所在。然而，如果没有丰富的教育资源，学生很难从书本知识中获取深层次的思政元素，就会因进入"知识的迷宫"而无法自拔。课程思政教学活动的全面开展更是如此。

为此，要将课程思政理论部分归类为多个模块，引导学生通过自主学习思政模块找到适合自己特点的知识结构。然而，课程思政资源的设计要充分考虑适合学生学习的知识要点，不能对理论知识生搬硬套。只有充分理解学生发展需要与思想政治教育之间的联系，才能从根本上提高思想政治教育效率，增强学生自主学习的主动性。刘同舫依据建构主义与课程思政的逻辑关系，提出了很多提高课程思政教育效果的课程资源建设方案。

（一）学习动机的构建

在课程思政教学资源设计初期，学生学习动机的构建是整个教学的中心点。根据学生心理发展的特点和规律，让他们主动进行自主学习是该构建主义理论强调的重点。高校教师在课程思政教学资源建设的初期，应确保教学活动以学生为中心，以学生主动学习知识为目标。通过在课程中揭示和论证思想政治相关理论知识与理想诉求的辩证关系，引导学生循序渐进地理解思想政治理论知识，让学生重点理解进行政治哲学知识学习的重要性和必要性。此外，还必须有相关教学制度的支撑。例如，将相关思政元素融入专业课程的教学，将思想政治哲学知识与实习实训相结合，将思想政治文化融入

学生的各项第二课堂活动。这些方法和措施能够促使学生树立学习动机建构意识，收获良好的学习方法，使高校思政课教学质量得到提高。

（二）思政教学资源的设计

建构主义学习理论的核心是学生进行自主学习，思政教学资源设计是学生进行自主学习的必备条件。思想政治教育授课教师需要对学生的实际情况进行综合分析，设计科学合理的教学资源模块，让学生能从教学资源中自主获取相关的思想政治知识。教师可根据教学内容和目标将思政要素分为知识资源模块、德育资源模块和能力资源模块。其中，最新思政元素、法治教育、个人修养等理论属于知识资源模块，法律知识点、思想道德品质、励志名言、哲理散文等属于德育资源模块，能够提高学生批判能力、思辨能力、审美能力的音视频网络资源属于能力资源模块。因此，学生在学习资源库中进行自主学习，其自身思想政治素质可以得到提高，从而适应新时代的发展需要。利用建构主义理论设计的课程思政教学资源，为我国高校课程思政教学顺利实施打下了坚实的基础，为课程思政改革提出了新方向。通过对建构主义学习理论特点的分析研究，得出建构主义学习理论下的课程思政的最大特色是增强了学生的自主学习能力。

综上所述，建构主义学习理论与课程思政教育理念是相辅相成的，既有互动又有联系，它们提出的教育理念都是为了适应现实社会发展。

第五节　布卢姆认知体系

布卢姆认知体系作为教育领域具有划时代意义的理论研究成果，对课程教学工作的高质量开展起到了重要的支撑作用。这对新工科背景下计算机专业课程思政教学改革与实践具有重要的启示作用。本节将对该理论进行深入分析，从而确保新工科背景下计算机专业课程思政教学改革与实践具备极强的可行性。

一、布卢姆认知体系的概述

布卢姆教学目标系统涵盖认知领域、情感领域和动作领域。认知领域的教学目标从低到高、从简单到复杂分别是知道、意会、应用、分析、综合和评价，转义为教学应培养的不同水平的认知能力。其中，"知道"停留在对事物的初步辨识层面，其技能表现是列举、引用、命名、定义等。"意会"涉及浅层的理解，其典型技能是描述和解释。"应用"有点儿像"生搬硬套"，其典型技能是图示、计算和预测。"分析"指向构成要素、相互关系甚至作用原理，其典型技能是对比和辨别。"综合"是要体现创造性，其技能特征是设计、开发、规划和提议。"评价"就是在融会贯通的情况下指出事物的本质或者明确其特点，其典型技能是证明和辩护。

课程思政教学活动的深化落实，其最终目的是要让学生的价值观念得到全面培养，并且将知识传授和能力培养融入教学活动的全过程。其中，个人的情感与价值之间的联系非常紧密，甚至可以用"不可分割"来形容，其原因在于个人的价值观念与自身情感和生活经验有着直接关系，价值观念通常是在情绪和情感的作用之下形成的。而情感作为个体生命中的一种重要能量，经过不断地激发和引导可以让个体对其欲望进行有效控制，这也导致个体的价值判断和选择发生改变。所以，在学校课程思政建设与发展中，情感领域的教学目标是课程思政教学改革迈向新高度的一种重要表现。从以往的研究成果可以发现，在课程思政建设与发展的过程中，情感领域目标只是对各种合理想象进行陈述，并未充分体现出该教学目标本身所固有的品质，进而导致这一维度的教学目标过于空洞，学校针对这一维度的评价也很难做到客观、准确。

针对情感维度的课程教学目标的设置，美国著名心理学家克拉斯沃尔、布卢姆等人以价值内化为基础，对其进行了详细的分类，既做到了分类原则立足于教育对象认知过程的层次高低，又做到了分类高度符合教学目标所处的教育阶段。其中，每个层次又包含亚层次，具体见表3-1。

表 3-1　布卢姆情感维度教学目标分类层次表

目标层次	亚层次
接受与注意层次	能够察觉并愿意接受，并且能够对注意进行有效控制和选择
反应层次	默认、愿意、满意三种反应
价值评价层次	能够接受某种价值，甚至对某种价值产生偏好或信奉
价值观的组织层次	能够将价值进行概念化，并且建立价值体系组织
价值品格的形成层次	出现泛化心向和性格化现象

上述情感维度教学目标和层级分类思想具有高度的连续性，而且其科学性与合理性是显而易见的。此外，布卢姆等人在学生情感目标达成的评价方面得出了具有代表性的研究成果，即"每个情感行为都有着某种性质的认知行为与其对应，反过来也是如此"[①]。这一成果为有效评价学生情感维度的培养效果提供了科学指标，并且能够为教学中有效改进情感价值维度的教学目标提供重要依据，确保课堂教学的整体效果能够更加趋于理想化。

二、布卢姆教育目标分类理论的内涵及应用

布卢姆教育目标分类教学法已经形成了具体的教学流程。其中，"认识"是该理论流程的基础。在这个流程中，学生需要梳理不同知识之间的联系，以增强自身对知识的理解能力。这种方法在高校课程思政教学中得到了体现。"领会"是认识的下一步，它与认识既有相似之处，也有明显的区别。学生在学习过程中可以初步整理知识，这在高校教学中表现为学生能够独立梳理阅读内容中的人物关系，对每段内容有更加清晰的了解。学生认识和领会知识后，还需要培养自身的应用能力。在应用的过程中，学生需要对知识进行有效的整合，以更好地应用知识。让学生自主查询资料，通过学习找到科学的解决途径，设计具体的方案来解决问题。在评价阶段，教师需要对学生掌握的知识价值进行判断，采用多元化的评价方式，兼顾外在因素和内在因素。例如，对于学生之前没有学过的知识内容，可以按照学生在学习过程中对知识的理解程度进行综合评价。

---

① 刘可可.基于课程思政理念的体育学考核方式与命题要求研究[D].开封：河南大学，2022.

　　布卢姆教育目标分类理论在高校课程思政中得到了广泛应用。学者根据高校教学的启示对教学目标、教学方法等方面进行了深入探讨，提倡在课程思政教学中应用该理论研究，在课程教学设计中重点以布卢姆教育目标为依据。为了让学生在课程思政教学中学到更多的知识，让他们的道德素质得到提高，成为社会需要的复合型人才，必须将高校教学课程的教育目标融入课程思政的育人目标，让专业教育和思政教育融会贯通、相辅相成，让布卢姆教育目标分类理论在实际教学中具有可测性、可实施性和可操作性。

　　其中，可测性是布卢姆教育目标分类理论的核心，对教学结果的评价，应根据认知领域的不同目标采用多元化的评价手段。这些分类目标理论与测评体系紧密地联系在一起，更加规范了教学目标，使教学过程更加合理，避免教学过程中细节实施的不足，使我们更加清晰地看到整个教学过程的实施。根据教学要求，明确不同时段的教学目标，指明开展教学活动的方向，让整个教学过程能够顺利实施。在实际教学过程中，需要进行融会贯通，防止机械复制、照搬照抄。

第四章　新工科背景下计算机专业课程思政教学改革的侧重点分析

国家正全力加快新工科建设与发展的步伐，这无疑对与之相关的院校和专业课程思政建设及落实提出了较高的要求。对于课程思政的有效落实方案而言，需要不断进行深化改革，确保课程思政教学工作与新兴产业人才培养的总目标保持高度一致，为高质量、高素质人才培养提供强大的推动力。然而，真正将其转化为现实却并非易事，计算机专业课程思政教学更是如此，必须高度明确侧重点。

第一节　进一步明确专业课程作为课程思政教学的主阵地

新工科建设与发展对课程思政教学工作的深入开展提出了极高要求，确保人才培养之路始终深入落实"立德树人"理念，其中课程思政教学主阵地的全面建设自然应放在首位。由于新工科建设与发展强调人才专业维度与思想价值维度应始终保持协同发展之势，新工科背景下计算机专业课程思政教学改革必须将专业课程作为课程思政教学的主阵地。该观点的具体说明如下。

一、新工科建设与发展为计算机专业人才专业维度培养明确了的目标与任务

新工科建设与发展是国家为了有效应对新一轮科技变革和产业变革所作出的战略性部署，强调依靠战略性新兴人才的培养全面提升国家科技创新水平，由此带动战略性新兴产业的全面发展，进而确保中国经济发展始终能够拥有更多的新增长点，并推动中国新经济快速发展。综上所述不难发现，新工科建设与发展对新工科院校和专业的人才培养提出了较高的要求，需要人才具备较高的专业水平。具体而言，就是要让传统工程学科实现持续改造和升级，其中最为关键的一环就是将其人才培养模式进行全面升级，通过专业知识创新和工程实践平台的创新，让学生实现专业素养的全面发展，并最终达到人才专业维度的创新与发展要求。因此，计算机专业人才培养之路必须立足学科交叉和工程实践全面深化两个方面来进行。

学科交叉强调专业学科之间的相互融合，确保专业知识与技能的创新发展，为学生在专业领域创新探索提供重要的知识与技能方面的支撑条件。工

程实践强调不断深化学生专业能力和素养的培育，让学生能够以极高的热情和积极的态度参与实践探索，确保学生不仅能够深刻认识到为什么要从事计算机专业的学习，而且能了解到自己的哪些方面需要进一步提升。

结合以上观点不难发现，国家不断推进新工科建设与发展的最终目的是让战略型新兴人才能够得到全面培养。而在人才培养的过程中，人才专业水平的不断提升是关键性的一环。与此同时，还要让人才能够深刻意识到自身为什么要不断强化知识与技能创新，引导其可以从国家和社会发展的角度看待自己未来所要肩负的责任与使命。这就要求在新工科背景下，计算机专业必须全面加强课程思政教学工作，并且要始终将专业课程作为"前沿阵地"。

二、新工科建设与发展为计算机专业人才思想价值维度培养明确了的目标与任务

国家大力推进新工科建设与发展的最终目的是及时有效应对全球新一轮科技变革和产业变革所提出的严峻挑战，打好这场以人才为基础的"科技战"和"经济战"，以此来全面推动中国新经济的高质量发展，并且确保新经济高质量发展的可持续性。这不仅需要在人才创新发展方面予以大力推进，更要让人才在国家、民族、社会层面意识到自身专业水平和创新发展有着怎样的意义和价值，从而让战略性新型人才培养不仅体现出高质量，而且体现出高素质和高品格两个重要属性。这也是新工科建设与发展对计算机专业人才思想价值维度培养所提出的重要目标与任务。

其中，对人才家国情怀的培养要放在首要位置。教师可以通过介绍中国计算机科学技术领域发展的历程，以及成果获得过程中所遇到的瓶颈等，让学生深刻意识到当今中国计算机科学技术发展的重要性及对中国经济与社会发展所产生的影响，面对全球新一轮经济变革和产业变革自己所要肩负的重任究竟有哪些，进而引导学生形成正确的思想观念和价值观念，并使学生不断坚定这两个观念。

社会责任意识的培养同样应被视为重中之重。教师可以通过介绍当今计算机科学技术发展对中国经济与社会发展所产生的影响，让学生深刻意识到作为一名计算机技术从业人员，自己的努力与付出必然会对中国经济与社会的进步起到至关重要的推动作用，由此让学生能够从社会可持续发展的层面

产生自豪感，促进学生更深层次认识自己为什么要学习计算机专业知识和技能、为什么要不断强化自身的专业能力、为什么要始终保持创新发展的思维。

个人可持续发展观念的正确引导应作为教学活动的重要组成部分。教师可以从明确国家、民族、社会可持续发展与学生自身未来发展的关系入手，让学生高度明确：计算机科学技术的创新发展是国家富强、民族进步、社会和谐发展的重要支撑力量，将其转化为现实必然可以为学生的发展营造极为理想的环境，学生的发展才会具有可持续性。为此，学生的努力与付出不仅是在为国家、民族、社会可持续发展提供动力，而且是在为个人可持续发展提供极为重要的前提条件，从而帮助学生建立一个正确的道德观和职业观。

综合以上观点可以看出，新工科背景下计算机专业人才培养要求课程教学活动既要以学生专业层面的全面发展为中心，又要以此为契机在学生思想价值维度予以全方位的引导。这充分证明课程思政教学在计算机专业人才培养道路中的重要性，以及将专业课程作为课程思政教学主阵地的必要性。

第二节　坚持课程思政教学施教主体的多元性

以往高校人才培养的思想倡导以教师为中心的施教主体建设，确保施教过程的专业性和可控性。但是，全面推进新工科和课程思政建设与发展，不仅要求教师具有高度专业性，更要求教师对学生思想价值维度的引导和启发有极强的全面性和直接性。为此，新工科背景下计算机专业课程思政教学改革应始终坚持课程思政教学施教主体的多元性，不仅要让各门课程教师作为施教主体，还要将思想政治理论课教师、企业导师、学生纳入施教主体的构成，以此呈现出课程思政教学施教主体的多元性。同时，对学生专业维度和思想价值维度的引导和启发作用要有互补性，具体侧重点如下。

一、以计算机专业各门课程教师为主体

国家在全面加快新工科和课程思政建设与发展的进程中，明确指出要将打造专业水平极高、创新能力极强、思想政治素养过硬的教师队伍摆在更加突出的战略位置。也就是说，各专业课程教师队伍的建设不仅要求教师具有较高的专业能力，更要求教师有过硬的思想政治素质，以此来确保"立德树人"理

念在新工科院校和专业人才道路中得到深化落实，培养出国家亟须的战略型新兴产业人才。因此，新工科背景下计算机专业课程思政教学改革要将该专业各门课程教师作为施主主体，不仅要向学生全面传递计算机领域先进的知识以及相关技能培养策略，还要引领学生思想、价值、道德观念的全面发展。

由于国家全面推进新工科和课程思政建设与发展，必然会对各门课程教师的专业素质、思想道德素质、政治素养等方面的持续深化提出各项要求，各院校和相关专业教师在上述领域会获得更多的培训机会，各科教师的专业素养、思想道德素养、政治素养等方面也会实现持续性的提升，这无疑为各科教师全力提高课程思政教学的实效性提供了重要保证。

以此为契机，在各科教学活动中，教师通过专业性极强的教学内容引领学生思想、价值、道德观念的培养与发展，让学生的知识与技能、能力与素养方面实现同步发展，为学生未来职业发展奠定良好基础。

为此，新工科背景下计算机专业课程思政教学改革应将该专业任课教师作为施教主体（专业课程任课教师应被视为核心），确保学生在学习专业领域知识和培养专业领域相关技能的同时，在思想、价值、道德观念的养成上获得启发，从而引领学生投身祖国计算机科学技术创新与发展事业。

二、以思想政治理论课教师为主导

从课程思政建设与发展的任务角度出发，各科教师在教学实践活动中以思想政治理论课程教学目标为依托，实现对学生知识、技能、能力、思想价值观念的同步培养，让学生通过各门课程学习活动将家国情怀、民族使命、社会责任内化于心，以此确保学生实现高质量的全面发展。

思想政治理论课教师在人才培养道路中发挥着不可替代的作用。具体而言，各科教师具备较强的专业课程教学能力，并且对学生思想、价值、道德观念的培养具有一定的引导和启发作用。然而在学生思想政治素养的引领方面，各科教师存在能力短板，这就需要思想政治理论课程教师充分发挥引领作用，及时、有效地保障学生专业层面和思想价值层面发展的同步性。

因此，在新工科背景下计算机专业课程思政教学改革中，既要确保以各科教师为中心，更要将思想政治理论课程教师作为主体，用最专业和最有效的方法来引导学生形成正确的思想观念、价值观念、道德观念，从而使学生既能高度坚定自身的理想信念，又能保持自身政治取向的准确性，进而更好地服务于国家富强、民族复兴、社会的和谐发展与进步，充分挖掘并体现自己的社会价值。

三、企业导师和学生作为施教主体的重要补充

新工科背景下的计算机专业人才培养最重要的方式是让其走进企业，全身心地投入岗位工作，最大限度地发挥其价值，为有效应对全球新一轮科技变革和产业变革贡献自己的一份力量。学生应高度明确工作岗位的切实需求和自身必须具备的职业价值观念，这是一项重要任务。因此，新工科背景下计算机专业课程思政教学改革应该确保学校与企业之间保持相互协同的态势，让企业导师和学生作为施教主体的重要补充，分享专业实践活动的经验，确保学生在正式步入工作岗位之前具备正确的职业价值观念和职业道德观念。在此过程中，学校和教师要侧重以下两个方面：

一方面，企业导师要全程参与高校专业课程思政教学活动，确保无论是在专业理论课上，还是在校内实训课上，抑或是在专业实践课上，始终都有基层一线工作经验的企业人员伴随，将企业运行过程中极具代表性的先进事迹传递给学生，让学生深刻意识到自己所从事的专业为什么重要，对国家、民族、社会、自己的未来发展会有怎样的影响，帮助学生形成思想自觉和行动自觉，推动计算机专业学生高质量和高素质发展。

另一方面，学生要将自己在校期间对企业岗位人才需求的理解，以及在参与校企双方组织的校内实训和企业实践活动时的真实感受，与同伴、教师、企业导师积极分享。这不仅为各科教师和企业导师了解学生的专业认知情况，以及思想、价值、道德观念的培养情况提供了理想渠道，更有利于各科教师和企业导师有针对性地对学生进行专业维度和思想价值维度的引导，加快计算机专业高质量、高素质人才的培养步伐。

第三节　高度明确隐性教育作为课程思政教学的主要方式

全面革新教学方式之所以是教学改革的一项重要工作内容，其根本原

因在于其能够对固有的教学活动开展形式予以改变，让课程教学活动更加新颖，对学生学习过程产生深远影响。新工科背景下计算机专业课程思政教学改革遵循深入贯彻显性教育与隐性教育相统一的原则，将隐性教育作为该专业课程思政教学主要方式之一，进而与显性教育形成互补。这也充分说明深入开展隐性教育应作为新工科背景下计算机专业课程思政教学改革侧重点的基本构成因素。

一、明确隐性教育在计算机专业课程思政教学中的优势

在教学活动中，评价任何一种教学方式的适用性都要保证视角高度客观，而明确其应用优势是关键所在。在新工科背景下计算机专业课程思政教学改革中，明确隐性教育作为课程思政教学的主要方式必须先厘清其应用优势所在，才能为充分发掘和有效使用隐性教育方式奠定坚实基础，具体如下。

（一）课程思政教学内容具有隐蔽性

就当前而言，新工科院校或相关专业大学生内心中存在一种极为普遍的感受，即在课程教学活动中，思政教学活动往往主要体现为理论层面的学习，而在日常学习和生活中的实用性并不强，甚至会使学生在学习成长或未来发展过程中思想受到禁锢。这显然有悖于新工科背景下计算机专业课程思政教学的初衷。因此，计算机专业课程思政教学改革必须彻底改变当前学生普遍存在的心理现象，对课程思政教学的呈现形式予以改进。

隐性教育作为一种间接教育形式，可以将教学内容进行隐性化处理，让学生在学习课程知识的同时，其他方面也在无形中受到启发，进而对学生产生极为积极且极为深远的心理影响，其教育内容能够让学生终身受用。这是隐性教育在教学活动中的明显优势之一，也是新工科背景下计算机专业课程思政教学改革将隐性教育作为其主要教学方式的一个重要原因。

（二）课程思政教学方式具有间接性

"隐性教育"顾名思义，就是潜移默化式的教育，是通过隐目的、无计划、间接、内隐的社会活动形式，让学生能够从中受到启发，以此来达到教育目的的一种教育形式。课程思政教学属于隐性教育形式的一种，在开展教

学工作时，必须将隐性教育作为教学活动开展的主要形式。其教学方式会呈现出间接性，让思想政治教育引导工作能够发生于无形，并且在开展学习活动的同时，对其思想、价值、道德观念的形成产生启发。

教学方式间接性的具体表现就是教学活动以文化熏陶、知识拓展、社会实践等方式来开展，不仅可以让学生在其他课程学习活动中深入了解相关知识和技能，而且可以使其各项能力得到有效培养，还可以让学生通过知识与技能的学习，以及各项能力的培养获得更多的思想感悟，进而对学生思想、价值、道德观念起到引领作用。这正是隐性教育形式在课程思政教学活动中所具有的另一个优势，也是新工科背景下计算机专业课程思政教学改革将隐性教育作为主要教学方式的原因之一。

（三）课程思政教学效果具有持久性

隐性教育是一种潜移默化式的教育形式，它使教学内容实现了隐性化，教育方式具有间接性，可以有效克服教育内容较为枯燥和教学方式较为单一这两个重要弊端，能够对学生学习过程起到很好的引导和启发作用。因此，隐性教育形式的教育效果往往会长时间影响学生的思想和行为。计算机专业课程思政教学的目的就是要将思想政治理论课教学目标贯穿学生学习的全过程，教学内容实现隐性化、教学方式具有间接性会让教学效果长时间作用于学生的思想和行为，而这也正是隐性教育在计算机专业课程思政教学应用中的又一明显优势。

正因如此，在新工科背景下计算机专业课程思政教学改革过程中，探索教学效果的持续性最大化必须将隐性教育形式作为首要选择，以确保该专业课程思政教学活动促进学生始终保持正确的思想观念、价值观念、道德观念。

二、厘清适用于计算机专业课程思政教学的隐性教育方式

虽然隐性教育在计算机专业课程思政教学活动中的应用优势较为明显，但是并非所有的隐性教育方式都适用，所以在将隐性教育确立为计算机专业课程思政教学主要方式的同时，还要对适用性极高的隐性教育方式进行梳理。

（一）建设计算机专业课程文化

课程文化建设作为全面发挥课程教学"以文化人"功能的有效途径，应作为课程隐性教学活动开展的主要方式之一。由于课程思政教学活动自身就是一种隐性教育活动，探索课程思政教学隐性教育方式应强调"以文化人"教育功能的充分体现。因此，在计算机专业课程思政教学活动中，建设计算机专业课程文化应被纳入隐性教学方式选择范畴。

（二）科学借助新媒体平台

随着信息技术的飞速发展，人们了解行业及社会发展动态的途径也越来越多，这使人们工作、学习、生活变得更加方便、快捷。这一时代发展大环境赋予隐性教育更多的教育方式，层出不穷的新媒体平台无疑是隐性教育活动开展的有力载体。因此，在新工科背景下计算机专业课程思政教学改革中，隐性教学活动应将新媒体平台作为重要的载体选择，并且在实践操作中应保持高度的科学性，力求计算机专业课程思政教学能够化内容于无形，并且让具有间接性的教学方式更加多样化。

（三）社会实践活动的全面开展

社会实践活动无疑是"以劳育人"最为有效的方式，其隐性教育功能不言而喻。由于课程思政本身具有隐性教育的属性，通过社会实践活动将其隐性教育功能最大化，可以达到课程思政教学的最佳效果。新工科背景下的计算机专业课程思政教学也不例外，应将其视为必不可少的隐性教育方式。

三、深化计算机专业课程思政教学隐性教育方式运用的侧重点

在厘清适用于计算机专业课程思政教学的隐性教育方式的基础上，应对其在实践过程中的有效应用过程进行深入分析。只有牢牢把握运用的侧重点，才能确保适用于计算机专业课程思政教学的隐性教育方式呈现出理想的教学效果。下文将针对上述隐性教育方式运用的侧重点作出明确阐述。

（一）计算机专业课程文化建设的侧重点

计算机专业课程文化建设工作的全面开展是一项系统工程，必须考虑其文化的基本构成，这样才能确保该隐性教育形式的教育作用得到最大限度的发挥。计算机专业课程文化建设应将以下三方面作为基本侧重点。

1.课程制度文化建设

课程制度文化建设要围绕"自律"这一中心来进行，让课程思政教学活动能够同学生之间形成"心理契约"，确保学生在学习活动中能够形成一种心理自觉。

2.课程行为文化建设

课程行为文化建设要以"会诊"的形式来构建，一改教师单独对学生的"把脉"，让更多的施教主体参与其中，采用多种形式（如茶话会、座谈会、交流会等形式）对学生专业维度和思想价值维度的发展进行"联合诊断"，让学生在该专业课程思政教学中真正学会学习，并且让施教主体与学生共同成长。

3.课程精神文化建设

课程精神文化建设则要从"有我"转向"无我"这一视角入手，让学生深刻感受到在中国计算机科学技术领域的发展之路上，"功成不必在我，功成必定有我"。这样不仅有利于激发出学生投身中国计算机科学技术事业的热情，而且有利于转变学生的思想观念、价值、道德观念。

（二）新媒体平台在计算机专业课程思政教学中应用的侧重点

随着新时代新媒体行业的迅速崛起，各类新媒体平台纷纷进入人们的视野，不仅影响着人们的生活，更对人们日常的工作与学习产生直接或间接的影响。由于计算机专业课程思政教学工作肩负着正确引领人才思想观念、价值观念、道德观念的神圣使命，在通过新媒体平台开展计算机专业课程思政隐性教学活动时，必须对其应用的侧重点予以明确，具体包括以下三方面。

1.要将国家主流新媒体平台作为选择对象

计算机专业课程思政教学工作的深入开展，其作用之突出、意义之深远、价值之重大不言而喻。因此，在隐性教学活动开展的过程中，选择教学载体时必须保持高度谨慎的态度，在确保信息来源可靠的同时，还要确保信息内容对学生思想观念、价值观念、道德观念有着重要引领作用。因此，国家主流新媒体平台应是唯一的选择对象。其中，"央视网""学习强国"等新媒体平台应纳入选择范围。

2.要对计算机专业的课程思政元素进行深入挖掘

在明确将国家主流新媒体平台作为课程思政隐性教学载体的基础上，要对其信息的针对性进行深入挖掘，让与计算机科学技术领域相关的思政元素得到全面整理，使其为该专业课程思政教学活动的全面开展所用，以增强隐性教学活动本身在专业层面和思想观念、价值观念、道德观念等层面的引导作用。

3.利用新媒体平台拓展课程思政教学方式

在做好国家主流新媒体平台计算机科学技术领域相关思政元素深层挖掘工作的基础上，要结合其元素的特点和现有课程思政隐性教学形式，将其课程思政教学方式进行有效拓展（如社团活动、教学竞赛等），以此将专业维度和思想价值维度的发展贯穿学生高等教育学习始终。

（三）计算机专业课程思政教学社会实践活动全面开展的侧重点

计算机专业课程思政教学社会实践活动全面开展的必要条件是要有一套系统的实施方案作为基本支撑。首先要对社会实践活动的时间安排、主题、参与人员、活动流程予以明确，其次要系统地制定社会实践活动流程的开展方式和活动细节，以及对学生专业层面和思想价值层面的引导与启发的方法，进而确保计算机专业课程教学社会实践活动成为学生了解专业未来发展前景，以及增强家国情怀、民族使命感、社会责任意识的理想载体。

第四节　全面开展课程思政过程性教学评价工作

教学评价是全面提高教学质量的重要保障，科学选择和运用教学评价模式至关重要。过程性教学评价因具备的优势条件极为明显，在课程教学改革实践中通常被视为理想选择。因此，在新工科背景下计算机专业课程思政教学改革中，教学评价工作的全面开展应将过程性教学评价视为理想之选，并且确保最大限度地发挥其教学评价功能和作用。

一、新工科背景下计算机专业课程思政教学改革全面开展过程性教学评价的必要性

教学改革的目的就是要让课程教学的效果尽可能达到理想状态，而教学的全过程不仅包括教学目标的科学设定以及教学内容和教学方法的正确选择，还包括教学评价的高效运行。前三项是重要前提条件和动力条件，而最后一项则是重要的保障条件。过程性教学评价模式因其独有的优势条件，在各级各类课程教学改革中被普遍采用。新工科背景下计算机专业课程思政教学改革应将其作为必然之选，以下对该观点加以论证。

（一）过程性教学评价可以做到兼顾教学评价的过程与结果

过程性教学评价是课程教学全面体现评价功能和价值的一种教学评价模式。与结果性评价模式相对比，该教学评价模式不仅聚焦结果，而且将"教"与"学"的过程作为重点关注对象。在各项教学改革过程中，普遍将过程性教学评价作为首选。新工科背景下计算机专业课程思政教学改革也应立足过程性教学评价所具备的上述优势条件，将过程性教学评价作为全面开展课程思政教学工作开展的基本模式。

新工科背景下计算机专业课程思政教学活动的全面开展不仅注重对学生专业维度的知识、技能的全面发展，更关注学生思想价值维度的家国情怀、民族使命、社会责任意识的全面形成。而达成这一最终目标是一项持续的工作，所以不能单纯地以成果"论成败"，必须关注课程思政教学过程是否始终能够对学生产生重要影响。因此，兼顾教学评价的过程与结果是计算机专业课程思政教学评价必须具备的功能。

（二）过程性教学评价有利于评价活动形成多方互动

在新工科背景下计算机课程思政教学改革中，课程教学的施教主体呈现出多元化特点。课程教学的施教主体不仅包括专业课教师，还包括思政课程和其他课程教师，工作在企业第一线的工作人员、领导及学生本人。因此，全面开展计算机专业课程思政教学评价工作是一项极为系统的工程，任何一个环节出现漏洞都会导致评价结果的客观性和准确性无法得到保障。

过程性教学评价工作的全面开展，就是要针对"教"与"学"的全过程进行系统性评价，确保评价主体始终能够参与教师"教"和学生"学"的全过程，对"教"的过程与结果和"学"的过程与结果进行客观的评价。这样不仅可以保证教学评价的及时性，还可以确保评价结果的客观性和准确性，同时在无形之中让评价主体之间能够保持多方互动的状态。

（三）过程性教学评价结果有利于教师对教学方案作出及时有效的调整

过程性评价既能对"教"与"学"的过程作出客观评价，也能对教学的最终结果作出有效评价，这样的评价结果既具有实时性作用，又具有结果性作用，可以为教师及时作出教学方案的调整提供重要依据。新工科背景下计算机专业课程思政教学评价工作的实施过程也是如此。

具体而言，过程性评价主要针对施教主体在"教"的过程中方法选择是否合理、传递的信息是否理想、是否对学生形成引导和启发、学生参与学习的积极性和主动性是否得到激发等方面予以评价。除此之外，还针对学生"学"的过程是否保持理想状态，在专业层面和思想层面是否形成知识拓展等方面作出具体评价，评价的结果会伴随课程思政教学全过程。教师可以此为依据，有针对性地对教学方案及时作出调整。

二、新工科背景下计算机专业课程思政教学改革全面开展过程性教学评价的侧重点

在课程教学活动中，切实做到全面开展过程性教学评价工作是一项极为系统的工程，其原因在于评价活动要贯穿教学全过程，这也导致过程性教学评价工作的细节较为复杂，需要关注的点、线、面较多，因此需要精准把握过程性教学评价的侧重点。在新工科背景下计算机专业课程思政教学改革过程中全面开展过程性教学评价也是如此，必须高度明确并掌握其侧重点所在，这样方可确保教学评价工作的高质量运行。

（一）具备充分的前提条件

从过程性教学评价运行的全过程来看，以怎样的视角进行评价、评价的

依据是什么、评价的内容有哪些、以怎样的方法计算出评价结果等都是影响评价过程是否合理、结果是否准确的重要因素。这些影响因素应在过程性教学评价工作全面开展之前加以全面分析，因此，它也是过程性教学评价实施的基本前提。在新工科背景下的计算机专业课程思政教学改革过程中，全面开展过程性教学评价工作无疑也要将其视为重中之重。

具体而言，首先要对新工科和新时代课程思政建设与发展的切实要求以及计算机专业课程教学人才培养的基本任务进行深入分析，明确过程性评价的基本目标究竟应包括什么。在此基础上，立足新工科建设和课程思政建设与发展赋予计算机专业人才培养的具体任务和使命，确定该专业课程思政过程性教学评价的标准与原则，建立一套完整的过程性教学评价指标体系和与之相对应的教学评价方法。只有这样，过程性教学评价工作开展的科学性才能得到保障，为其功能与作用的充分发挥打下坚实基础。

（二）具备全面的实施过程

过程性教学评价工作的全面开展可划分为三个阶段，分别为准备阶段、实施阶段和成果形成阶段。实施阶段作为中间环节，是评价结果顺利形成的重要保障，所以在新工科背景下的计算机专业课程思政教学改革过程中，全面开展过程性教学评价工作必须以全面的实施过程为依托。

在此过程中，不仅要将有信度和效度的学生调查问卷发放至调查对象手中，向学生明确填写调查问卷时的具体要求，确保问卷调查结果真实有效，并系统开展学生调查问卷的回收工作，还要与该领域有关专家、学者进行详细交谈，明确计算机专业课程思政教学存在的现象，以及造成普遍现象和个别现象的原因，以此确保过程性教学评价工作的开展能够反映出课程思政教学活动最真实的状态。

（三）确保评价结果的准确性

从过程性教学评价工作运行的基本流程来看，充分的前期准备工作和全面的实施过程会影响评价结果的准确性，而学生调查问卷结果和专家访谈记录的有效归纳、整理、统计、分析也会对评价结果造成直接影响。因此，全面开展过程性教学评价工作，必须对评价结果的准确性高度重视。由此可见，在新工科背景下的计算机专业课程思政教学改革中，过程性教学评价工作的全面开展依然要将确保评价结果准确性放在重要位置。

在此过程中，教师既要将有效的学生调查问卷进行归纳和整理，也要注重过程性教学评价方法的规范化应用，确保定性和定量评价的合理性。此外，教师还要通过专业的数据统计与分析软件，生成最终的评价结果；附加具有建设性的意见和建议。这样的计算机专业课程思政过程性教学评价结果的实用价值和研究价值才能够得到充分保证，并且可作为教师及时进行教学方案优化与调整的重要依据。

三、课程思政过程性教学评价工作的实施流程

在明确新工科背景下计算机专业课程思政过程性教学评价的侧重点的基础上，制定详细的实施流程，以确保过程性教学评价工作的顺利开展。应将其实施流程划分为三个阶段，并且每个阶段都要有明确的操作内容，具体见表4-1。

表4-1　全面开展课程思政过程性教学评价的基本工作流程

基本步骤	基本操作	具体操作内容
第一步	评价准备阶段	明确过程性教学评价目标
		确立过程性教学评价原则
		确定过程性教学评价的主体
		科学选择过程性教学评价方法
		制定专家函询问卷并确立评价指标条目和具体评价指标
第二步	评价的实施阶段	开展专家访谈工作
		发放学生课程思政教学过程问卷调查表
		回收学生课程思政教学过程问卷调查表
第三步	评价结果形成阶段	归纳并整理学生课程思政教学过程问卷调查表
		通过数据统计与分析软件得出过程性评价结果
		总结并分析课程思政过程性教学评价结果并反馈至计算机专业课程教师

第五章　新工科背景下计算机专业课程思政教学改革的方案设计

在新工科背景下的计算机专业课程思政教学改革全过程中，实践路径的确定不仅要基于侧重点，而且要有明确的改革方案作为重要依托，方可确保改革实践措施的制定更加系统化，同时使实践路径本身的应用价值能够得到全面保障。基于此，本章将对新工科背景下计算机专业课程思政教学改革的整体方案加以科学设计，具体构成如下。

第一节 依据工程专业认证标准确立计算机专业人才培养方案体系

计算机专业属于工程专业范畴，按照工程专业认证标准确立计算机专业人才培养方案，能够为计算机专业人才高质量培养提供有力的保证。工程专业认证标准对人才专业维度和思想价值维度提出了较高要求，也为新工科背景下计算机专业课程思政教学改革指明了方向。

一、学生学习指导与职业规划并行

在工程专业认证标准中，专业水平是专业认证的主要内容之一。随着新工科建设与发展步伐的不断加快，工程专业认证标准也在不断完善，这就对计算机专业人才培养提出了较高的要求。课程思政教学作为全面提升计算机人才培养质量的有力抓手，应在对学生专业维度的指导作用方面予以进一步增强。在这里，行之有效的实施方案在于学生学习指导与职业规划并行。

（一）专业学习指导活动伴随课程思政教学全过程

专业课程学习是计算机专业学生学习载体的基本构成，也是成就其未来职业发展必不可少的关键性因素。所以，新工科背景下计算机专业人才培养必须将全面强化学生专业知识、专业技能放在首要位置，确保学生步入社会后能够在专业层面为国家、民族、社会高质量发展提供有力支撑。

教师要始终围绕学生的专业发展，为学生提供具有专业性的学习指导，让学生在专业领域相关的学习活动中不断夯实知识基础、提升技能水平、拓展与之相关的专业能力，并从中不断强化自身的思想价值观念，为成就其未来职业发展和推动国家、民族、社会发展打下坚实基础。计算机专业课程思政教学的作用和价值也随之得到充分体现。

（二）职业生涯规划要作为课程思政教学活动必不可少的组成部分

高校高质量人才培养能否达到"高质量"要求，归根结底要通过较高的标准和严格的要求进行检验。学生具有职业生涯规划能力、能制定出适合自己的职业生涯规划是高标准和严要求的基本体现。其原因在于，职业生涯发展规划可以反映出学生未来职业发展的具体目标，也可以反映出职业发展目标的阶段性特征，能够诠释出学生在家国情怀、民族使命、社会责任方面的认知情况和践行的决心。

因此，在新工科背景下的计算机专业人才培养过程中，课程思政教学必须将职业生涯规划作为教学活动的重要组成部分。这不仅可以对学生这一方面的能力进行有效培养，而且能对学生家国情怀、民族使命、社会责任的形成提供重要指向作用，确保计算机专业人才培养与时代人才需求的方向和要求相一致。

二、学生就业指导与心理辅导工作有效嵌入课程思政教学活动

能否实现科学就业是新工科背景下计算机专业人才能否实现自身价值最大化的一项衡量指标，而是否具备强大的心理也关乎学生职业价值和社会价值能否实现最大化，这也是将两者作为工程专业认证标准的主要原因。所以，在新工科背景下计算机专业人才培养方案体系的基本构成中，为学生提供强有力的就业指导和心理辅导成为基本组成部分，而这两项任务的落实要在课程思政教学中来完成。

（一）就业指导在新工科背景下计算机专业课程思政教学中的位置进一步凸显

大学生完成在校全部学业任务后，即将进入社会，开启自己的职业生涯，树立正确的职业观有利于学生未来发展的可持续性，其自身的社会价值也能够得以充分体现并得到社会高度认可，反之则不然。在新工科背景下，计算机专业人才培养肩负着重要历史新使命，人才的社会价值最大化是人才

培养的最终目标。因此，帮助学生树立正确的职业观是新工科背景下计算机专业课程教学过程中不可缺少的组成部分。

因此，教师要结合学生家国情怀的养成、民族使命感的引导、社会责任意识的培养，帮助学生确立未来职业可持续发展的必要条件，树立正确的职业观和就业观。以此为契机，学生专业课程学习的思想、价值、道德观念也会实现同步提升，这也恰恰是计算机专业学生职业价值、社会价值、时代价值的充分体现。

（二）心理辅导是新工科背景下计算机专业课程思政教学的一项基本功能

就新工科背景下计算机专业人才培养的全过程而言，学生接受专业知识、专业技能培养，以及思想、价值、道德观念的引导，会产生较大心理压力，如不能对此加以有效化解会造成适得其反的后果，这与新工科建设与发展的初衷不相符，也不符合工程专业认证标准。

因此，新工科背景下计算机专业人才培养体系构建在强调思政元素贯穿课程教学始末的同时，也要实时了解学生心理活动，明确学生心理发展走向，为学生提供及时的心理辅导，帮助学生消除专业发展层面和思想层面所存在的负担，确保学生始终能够以发展的眼光看待中国计算机科学技术未来发展前景，并可以从中体会未来职业发展的美好。

三、课程思政教学过程的跟踪监督与评价

以工程专业认证标准为基础确立计算机人才培养方案，其最终目的是让学生的专业水平和思想价值观念得到普遍和全方位培养，从而让计算机人才培养达到高质量标准。这就要求在新工科背景下计算机专业人才培养道路上，要对课程思政教学的全过程进行跟踪监督和评价，以确保计算机专业人才培养的质量始终保持最优化。

（一）课程思政教学开展过程应实行全过程跟踪监督

在大力推进新工科建设与发展的背景下，在计算机专业课程教学全面提升人才培养质量过程中，以学生为主体的课程思政建设与发展之路是关键一

环。然而，其实践过程必然会有不确定性的因素相继出现，需要学校、广大教师、合作企业之间及时加以协调，这样方可确保学生专业维度和思想价值维度的协同发展。因此，对课程思政教学的全过程进行跟踪监督成为一项重要的保障条件。

在此过程中，既要明确实施课程思政教学改革全过程跟踪监督工作的主体，也要明确实施课程思政教学改革全过程跟踪监督的原则和内容，确保监督工作的信息始终保持高度公开，所采取的监督手段高度透明，以确保计算机专业课程思政教学改革措施始终能够得到大力落实，为学生在当前乃至未来的可持续发展提供有力保证。

（二）过程化的质量评估应作为全面提升课程思政教学质量的又一项重要保证

毋庸置疑，在全面确保课程教学改革质量所采取的措施中，全过程跟踪监督是一项关键性措施，过程化的质量评估则是另一项必不可少的重要保证，新工科背景下计算机专业人才培养也是如此。课程思政教学的整体质量必须通过过程化质量评估结果予以鉴定，以此为计算机专业课程思政教学改革实践方案的优化与调整提供客观的依据。

在此过程中，既要有明确的质量评价的目标和原则作为基础，也要有科学的评价标准和方法作为支撑，还要有系统的评价指标体系作为保障，以确保质量评价的结果能够反映出计算机专业课程思政教学改革与实践的整体水平，从而对计算机专业人才培养的质量予以客观说明（客观指出计算机专业人才培养能否达到时代与社会用人标准）。最终以此为依据，对新工科背景下计算机专业课程思政教学改革实施方案予以有效优化和调整，确保计算机专业人才培养质量的全面提升。

第二节　立足情怀、素养、意识、修养四方面确立教学目标体系

教学目标系统化构建与完善是教学工作得到实质性发展的重要体现，不

仅对教学发展方向的确立起到指向作用，而且对教学工作开展的全过程产生重要影响。新工科背景下计算机专业课程思政教学改革应将确立一套完善的教学目标体系放在重要位置。从培养学生的情怀、素养、意识、修养四方面出发，明确相对应的课程思政教学目标是该体系构建与完善达到系统化要求的重要表征。

一、学生情怀培养方面的教学目标

情怀培养作为学校深入贯彻落实"立德树人"理念的基本表现，也是课程思政教学改革深化落实的一项基本工作。所以，在有效面对新一轮科技变革与产业变革的过程中，新工科院校计算机专业课程思政教学改革应将学生情怀培养视为一项重要教学目标，并且将其置于教学目标体系建设的首要位置。其具体目标应包含以下三项。

（一）立足中国计算机领域所取得的伟大成就培育学生家国情怀

中国全面加快新工科建设与发展步伐就是要应对当今时代对中国科技与经济发展所带来的巨大冲击，让中国科技创新能够引领中国产业格局有效转型，全面加快中国经济高质量发展的步伐。在该背景下，计算机专业人才培养强调学生能够深刻认知当今中国面临的时代发展的新挑战，同时深刻认知自身在未来会发挥的作用和价值。这项工作要落在计算机专业课程思政教学活动中，并且作为教学目标的基本构成之一。

就该教学目标而言，其实质就是计算机专业教师在课堂教学活动中，向学生明确中国计算机领域所取得的重大科研成果，以及正在研发当中的科研项目的意义在于其能够有力推动国家和社会经济的发展，而并非个人荣誉的象征，以此引导学生树立"先集体，后个人"的意识，帮助学生深刻理解该意识正是自身可持续发展的有利条件，培育学生家国情怀，让其成为一个对国家、民族、社会发展有用的人。

（二）立足学生质疑精神的形成来培育学生科学情怀

科学情怀是科技进步必不可少的因素，也是保障科学技术可持续发展的关键条件所在。因此，在新一轮科技变革和产业变革的时代大背景下，全面加强人才科学情怀培育成为全面促进国家科技进步道路上的一项重要任务和使命。计算机专业的全面建设与发展是中国有效应对新科技变革和产业变革的一项重要举措，因此，在课程教学活动中全面培育学生科学情怀成为一项重要教学目标，而这一目标要通过该专业课程思政教学活动来实现。

具体而言，在专业课程教学中，教师要在培养学生质疑精神的过程中，让学生深刻感知计算机科学领域任何一项新技术的出现都并非偶然，是无数专家和学者在看似不可能的维度中不断提出疑问，并经过无数次的科学验证之后最终出现的。这样的教学引导和启发过程会让学生体会到科技创新之路虽然不乏艰辛与挑战，但最终所获得的成果对国家、民族、社会，乃至全世界的进步都具有时代意义，从而帮助学生树立正确的科学观和价值观。

（三）通过人性道德案例来培育学生人文情怀

所谓人文情怀，是指人们内心普遍存在的相互关怀。它是人类社会发展与进步必不可少的要素。如果说计算机科学技术的飞速发展是推动时代发展与社会进步的重要力量，那么人文情怀必然蕴含在计算机科学技术发展的全过程之中。计算机人才是全面加快中国计算机科学领域发展的核心力量。因此在专业课程教学活动中，教师不仅要强化学生专业层面的知识、技能的发展，更要在学生人文情怀的养成方面不断付出努力，让学生在突破各项技术难关过程中形成合力。

教师要结合国内计算机科学技术发展历程中的真实案例，充分反映出技术研发与核心技术突破过程中的人性光辉，并引导学生深刻意识到人性道德对中国计算机科学技术发展所起到的决定性作用，从而在培育学生道德情感的同时，培育学生的人文情怀，确保学生在面对新科技变革和产业变革时，能够始终保持共同促进专业领域高质量发展的态度。

二、学生综合素养培育方面的教学目标

全面增强学生综合素养一直是学校各项教学工作改革的着眼点，是学生综合能力得到全面提升的重要保证。因此，在新工科背景下计算机课程思政教学改革过程中，学生综合素养方面的全面增强成为教学目标体系的重要组成部分。其具体目标应表现为以下三个方面。

（一）通过真实案例强化学生专业维度和思想道德维度的知识水平

在课程教学设计中，教学目标的基本构成既包括知识与技能维度，还包括过程与方法、情感与价值观、立德树人三个维度。其中，知识维度教学目标是课堂教学目标的基本构成，其基础性不言而喻。就新工科背景下计算机专业课程思政教学改革而言，不仅要将知识素养目标的全面构建放在重要位置，而且要强调学生专业维度和思想道德维度的知识水平实现全面提升。

教师可以通过真实案例，让学生体会到计算机科学技术的发展需要经过长时间知识的积累与突破才能完成。教师不仅要在知识的获取、收集、处理、运用信息方面下功夫，而且要经过不断的实践去验证和推翻预期假设，这样才能实现计算机科学技术的不断创新，使学生形成终身学习的意识与习惯，而这也是学生专业维度和思想道德维度知识水平全面提升的具体表现。

（二）通过计算机专业实践教学活动全面强化学生的道德素养

通过国内外计算机科学发展所取得的成果不难发现，科技创新的源头在于实践，通过实践验证理论，并且在实践过程中不断积累新的经验，最终造就新的理论。这也是科技创新之路无穷无尽的主要原因。要确保在实践中不断涌现的创新成果必须具备一个前提条件，即以客观的视角看待、分析、解决问题。任何问题都不会凭空出现，正是因为存在某种不合理才会导致问题产生，找到其根源，提出具体的解决策略，并通过实践的方式加以验证，这样创新成果才会出现。这是计算机科学技术创新实践活动中道德素养的充分体现。在新工科背景下计算机专业人才培养过程中，这一重任落在了课程思政教学活动上，并且作为一项重要的教学目标。

具体来讲，计算机专业教师在开展教学活动的过程中，注重深入践行理论与实践相结合的教学思想，强调实践育人的重要意义，通过布置研究项目的形式，为学生实践活动提供全方位引导，让学生在自主探究与合作探究学习项目的过程中，始终以客观和理性的视角去看待、分析、解决问题，从而以健康的心态去迎接各种挑战。这样的实践过程不仅能为专业课程教学活动营造理想氛围，而且能让学生职业道德素养得到全面提升，确保学生在步入工作岗位之后能够为中国计算机科学事业又好又快发展贡献自己的一份力量。

（三）通过马克思主义立场观点方法，引导学生全面增强自身专业能力

计算机专业人才培养要始终以全面加快国家信息产业发展进程，促进中国科技创新与产业结构转型升级为重要目标，最终让中国经济与社会发展拥有新的增长点。从上述人才培养目标不难发现，计算机人才培养始终以国家、民族、社会的可持续发展为立足点，所以在人才培养的过程中要始终坚持以马克思主义立场观点方法为引导，确保人才专业能力发展与时代用人需求始终保持高度的一致性。这一重要任务同样落在计算机专业课程思政教学活动上，这也是该专业课程思政教学目标的重要组成部分。

具体而言，在课堂教学活动中，教师应针对马克思主义立场、观点、方法之间存在的内在联系，向学生阐明中国计算机领域的发展是为了造福人民大众，学生承载着中国计算机领域发展的未来，肩负着以计算机科学技术发展造福全国人民的重任，所以学生必须对自身的专业能力进行全面的拓展和提升，这样不仅能成就自身的伟大梦想，更能为实现中华民族伟大复兴贡献一份力量。

三、学生意识形成方面的教学目标

从课程思政教学的基本目标构成角度出发，意识的全面形成是该教学目标体系的重要组成部分，不仅可以帮助学生形成良好的行为习惯，而且可以全面增强学生的思想价值观念。因此，在新工科背景下计算机专业课程思政教学改革中，教学目标体系的深化必须对学生意识形成方面的教学目标予以完善，具体应包括以下三个重要教学目标。

（一）立足新一轮科技变革和产业变革，引导计算机专业学生树立责任意识

中国作为世界大国，是一个有着高度责任感的大国，而这正是中国向世界强国迈进的重要支撑条件。特别是在新一轮科技变革和产业变革的时代大背景之下，中国经济与社会发展正在接受严峻的考验，每个人都要为之付出不懈努力方可成就中国经济与社会的新发展，也会加快中国向世界强国迈进

的步伐。计算机专业人才作为确保国家有效面对新一轮科技变革和产业变革的中坚力量，必须具备高度的责任意识，而在计算机专业人才培养工作中，这一重任落在了课程思政教学上。因此，引导学生树立责任意识成为计算机专业课程思政教学的主要目标之一。

具体而言，教师在教学活动过程中，要立足新一轮科技变革和产业变革对社会科技发展所提出的新要求，以及中国在面对具体要求所取得的具体发展成果，让学生明确中国社会科技发展在国家经济与社会发展中所承担的责任与义务，明确自己作为当今乃至未来社会的技术创新型人才，作为中国社会科技发展的中坚力量，应该以怎样的心态投入全面加快中国科技发展浪潮，最终实现自身价值的最大化。久而久之，学生的责任意识就会在专业课程教学中逐步增强。

（二）围绕中国计算机领域的当下与未来发展，帮助计算机专业学生树立法治意识

当下中国计算机领域不断取得新突破，成果喜人，人们应该深刻意识到这些成果是中国计算机领域实现可持续发展的前提条件，即计算机技术的产生与发展始终为时代和社会进步服务。在新一轮科技变革与产业变革的时代发展大环境之下，以计算机技术为核心的科技创新会推动中国全面实现产业转型升级，助力中国经济与社会的高质量发展。因此，在通过计算机技术研发实现科技创新的过程中，必须以遵守各项法律法规为前提，规范自身在计算机领域研发与实践活动中的思想和行为。

因此，在新工科背景下计算机专业课程思政教学活动中，教师应将帮助学生全面树立法治意识作为一项基本教学目标，让学生在步入社会之后始终认可、遵守和服从有关法律法规，并能规范自身思想和行为，真正成为该领域的高质量人才。教师应围绕中国计算机领域的当下与未来发展等开展教学活动，通过当今中国科技与经济发展的现实环境来启发学生，帮助学生深刻意识到自己未来任重而道远。同时，学生应充分理解"认可、崇尚、遵守和服从有关法律法规是确保自身价值最大化的重要前提条件"这句话的内涵，从而成就未来的高质量发展。

（三）放眼全球计算机领域的科研攻关，助力计算机专业学生形成创新意识

人作为推动时代发展的重要力量，其创新意识是国家与社会发展道路上的根本需要，人才是否具备创新意识也成为评价其综合能力的重要指标。计算机领域的发展是时代发展的重要象征之一，创新是计算机领域发展的原动力。随着新一轮科技变革和产业变革的到来，以科技创新带动产业升级转型，有效实现中国经济与社会高质量发展成为中国实现中华民族伟大复兴的重中之重，计算机人才专业培养也应肩负起重要责任与使命。

因此，新工科背景下计算机专业课程教学必须将引领学生创新意识的形成作为一项重要教学目标，为中国科技创新发展源源不断地输送高质量人才。具体而言，就是要放眼全球计算机领域前沿发展总体情况和未来发展态势，引导学生深刻意识到科技创新的根源在于人的创新思维，而创新思维并非与生俱来的，需要有探索新事物的勇气和渴望。

四、学生自身修养方面的教学目标

从课程教学目标体系的基本构成角度分析，教学目标体系所涵盖的各项教学目标都对学生成长与职业发展起着至关重要的导向作用，所以教学目标体系内部结构是否合理，各项目标是否与时代发展大环境与大背景保持高度一致，会直接影响课程教学的整体质量。针对新工科背景下计算机专业人才培养所面对的新要求，学生自身修养方面的提升成为人才培养道路中的重要任务之一，达到其具体要求成为计算机专业课程思政教学目标所在，具体为以下三个方面。

（一）依托中华优秀传统文化和中国计算机领域所取得的伟大成就提升计算机专业学生科学文化修养

从中华民族历史的发展规律来看，每个历史阶段都有着惊人的相似之处，即新的历史时期都是在文化上升期开启，这充分说明中华优秀传统文化在民族发展道路中始终发挥着重要的推动作用。当今时代背景下的中国正处于实现中华民族伟大复兴的关键时期，计算机领域的发展水平直接影响着中国科学技术水平发展高度。因此，在新工科背景下计算机专业课程思政教学活动中，必须立足中华优秀传统文化和中国计算机领域所取得的伟大成就，进一步促进学生科学文化素养的全面提高，这不仅是一项重要的课程思政教学任务，更是科学思政教学的一项重要目标。

具体而言，教师要结合中华优秀传统文化中的创新精神，以及中国在计算机领域所取得的伟大成果，向学生充分展示出中华民族之所以历经五千多年的发展，其根本就是始终将"创新"视为灵魂；通过当前中国在计算机领域所取得的一系列突破以及未来发展要实现的目标对其加以说明，让学生感受到自己未来作为一名计算机领域从业者，必须树立创新意识，不断在学科专业领域进行深入的探索，不仅要为中华民族优秀文化的传承贡献自己的一份力量，更要为祖国计算机领域的高质量发展贡献一份力量。

（二）围绕中国计算机领域的名人传记强化计算机专业学生思想道德修养

在大学生成长的道路上，无论是在基础教育阶段，还是在高中教育阶段，教师都会向学生强调做有理想、有道德、有修养的人，这无疑是素质教育最为显著的特征。进入高等教育阶段后，学生即将走入社会去践行自己的梦想，因此高等学校教育工作要强调学生不仅要有理想，更要树立正确的世界观、人生观、价值观、道德观，确保学生的理想与民族的梦想高度吻合，能够促进国家经济与社会的可持续发展。

在新工科背景下计算机专业课程思政教学改革中，强化学生思想道德修养成为一项重要的教学目标。学生在树立远大理想抱负的同时，还要站在国家、民族、社会层面进行思考，以此确保自身未来发展的可持续性，以及对国家、民族、社会的发展起到积极的推动作用。中国计算机领域的名人传记是这一教学目标顺利达成的有利条件，以此为中心必然会赋予该专业课程思政教学过程引导人、启发人、感染人的作用与功能。

（三）通过"工匠精神"的薪火传承来培育计算机专业学生审美素质修养

"工匠精神"是一种职业精神的直观呈现，蕴藏着职业道德、职业能力、职业品质。在高校专业人才培养过程上，"工匠精神"的永续传承至关重要，它是学生深度感知"职业美"和"劳动美"的关键所在，因此，传承"工匠精神"成为各项教学活动的重要工作。但是，在日常教学活动中，特别是在专业课程教学方面，"工匠精神"的形成并非易事。在新工科背景下计算机专业课程教学过程中，通过"工匠精神"的薪火传承来培育学生审美素质修养成为一项基本目标，这一目标的实现就落在了课程思政教学活动中。

具体而言，在教学内容方面，要贴合生活实际与专业领域发展实际，让具有感染力的思政素材融入教学活动；在教学活动的组织形式方面，要打破常规，始终遵循理论与实践相结合的教学原则，让学生在专业领域各项理论研究与实践活动之中，感知精雕细琢所蕴含的"美"。

第三节　通过深入贯彻"三全育人"理念实现深度开发教学载体

"三全育人"作为高校思想政治教育工作的基本理念，在学生思想、价值、道德观念的形成过程中，充分发挥出重要的引领作用。在课程思政的深化落实过程中，"三全育人"理论要与思想政治理论课保持同向同行，深入贯彻课程思政教学活动，这就要求课程思政教学载体要始终保持深度开发的状态。新工科背景下计算机专业课程教学改革也是如此，应将其视为方案设计的重要组成部分。

一、全员化视角下计算机专业课程思政教学载体的开发

"全员化"是课程思政"三全育人"理念的基础，是指在开展课程思政教学活动时，每一位教师或学生都能从中获益，从而全面提升教育教学活动的整体质量。在新工科背景下计算机专业课程思政教学工作中，要深入落实"全员化"理念，就要将受众范围最大化的课程作为教学载体开发的主要对象，其中计算机专业公共课程和计算机专业基础型课程是必然选择。

（一）计算机专业公共课程

公共课程是各专业学生都必修的课程。计算机专业公共课程是计算机专业课程体系的重要组成部分，有着极为明显的特征，即公共性。在全员化视角下的计算机专业课程思政教学载体的开发过程中，应将计算机专业公共课程纳入教学载体开发的范畴。具体而言，就是以大学英语、高等数学、线性代数、大学生思想道德修养等课程为载体，围绕学生专业领域和思想价值观念教育，开展系统性的教学活动，使学生在接受必备的知识与技能和素养的培育过程中，可以建立属于自己的思想观念、价值观念、道德观念体系，提高自己在专业维度和思想价值维度的认知水平。

（二）计算机专业基础型课程

专业基础型课程是指在专业领域的学习过程中，必须持续学习的基础知识和基础理论课程。该课程在专业领域具有较强的基础性。计算机专业课程体系的基本结构涵盖专业基础型课程（如计算机组成原理、计算机应用基础、电脑操作、电脑认知与拆装等），并且课程本身在专业领域受众范围极广。因此，在全员化视角下的计算机专业课程思政教学载体开发过程中，应将计算机专业基础型课程作为基本的开发对象。

在计算机专业基础型课程思政教学中，教师不仅要强调基础知识、基本技能、必备能力、基本素养是成就学生未来的根本，还要强调思政元素在学生基础知识、基本技能、必备能力、基本素养的培养过程中的呈现，真正让学生在学习过程中切实感受"千里之行，始于足下"，这也是学生正确的思想价值观念得以普遍形成的基础。

二、全过程视角下计算机专业课程思政教学载体的开发

全过程作为课程思政"三全育人"理念中的又一明确要求，是指课程思政教学活动要贯穿学生在校学习的各个学习阶段，以确保学生专业发展与思想价值观念的发展能够保持同步。结合新工科背景下的计算机专业课程体系建设与发展，计算机专业必修课程和计算机专业选修课程贯穿学生在校学习的各个阶段，所以全过程视角下计算机专业课程思政教学载体的开发应重点关注下面这两类课程。

（一）计算机专业必修课程

专业必修课，顾名思义，就是学生在系统地学习专业知识与技能和培养该专业相关素养的过程中必须参与的课程。通常，专业必修课具有极为明显的基础性。全过程视角下计算机专业必修课程思政教学载体的深度开发过程中，必须将计算机专业必修课程作为重点关注对象之一。具体而言，就是将计算机专业必修课程中的基础知识与思政元素紧密结合在一起，通过思政教学，促进学生专业知识、技能、素养发展，帮助学生广泛建立起正确的思想观、价值观、学习观，让学生专业课程学习切实做到提质增效。专业必修课程中的基础知识与思政元素的结合应体现出深层次，做到思政元素能够融入每一个知识细节的"教"与"学"活动，因此，计算机专业必修课程教学不仅是对学生知识与技能的引领，更是对学生思想价值观念的引领。

（二）计算机专业选修课程

计算机专业选修课程与其他专业课程之间有着明显的共性。计算机专业选修课程内容新颖，教学组织形式别具一格，更受到学生的普遍欢迎。在全过程视角下的计算机专业课程思政教学载体开发过程中，必须将该计算机专业选修课程作为重点开发对象。

就内容结构的先进性和新颖性而言，要从资源丰富性和搭配的合理性两方面呈现，让学生在学习专业知识、掌握专业技能、培养专业能力的过程中，了解中国乃至世界计算机领域发展史，以及相关具有历史性和颠覆性的事件，从而在专业维度和思想价值维度都能产生新的认知。

就教学组织形式而言，更要呈现出多样性的特征，让看似不可能在教学活动中出现的教学组织形式成为教学活动基本流程，让学生有更多的机会积累学习经验和对家国情怀、民族使命、社会责任的感悟，与专业必修课程"携手"实现计算机专业课程思政教学贯穿学生学习生涯的目标。

三、全方位视角下计算机专业课程思政教学载体的开发

在高校课程思政深化落实的道路上，"三全育人"理念对育人过程的"全方位"提出了明确要求，即学生专业维度和思想价值维度全方位发展，这无

疑对课程思政教学载体的完善提出了更高要求。因此，在新工科背景下计算机专业课程思政教学载体开发过程中，以独具特色的计算机专业校本课程、计算机专业社团、计算机专业综合实践课程为焦点，为计算机专业课程思政达到全方位育人要求提供重要的载体支撑。

（一）独具特色的计算机专业校本课程

校本课程是以学校为本位，结合学校教育实际情况和具体目标，最终由学校自己确定的课程。校本课程具有鲜明的特色和实用性。在新工科背景下计算机课程思政教学活动中，全方位育人是"三全育人"理念的重要组成部分。结合专业特点和未来发展的需要，有针对性地对学生专业层面和思想价值层面进行引导是计算机专业课程思政教学的一项基本任务。因此，独具特色的计算机专业校本课程应作为全方位视角下计算机专业课程思政教学载体开发的重点关注对象。

例如，"大学信息技术"校本课程将微积分、线性代数、概率论作为主要模块，强调数学基础知识在专业课程教学中的深化，确保学生能够以扎实的基础知识为支撑，在实践中让课程本身的专业性得到大幅提升。而在该校本课程教学活动的全面开展过程中，教师应将国内微积分、线性代数、概率领域研究取得的研究成果，以及真实的典型人物事迹融入其中，让学生深刻体会到前人在探索计算机领域专业化发展道路上付出的不懈努力。作为一名专业人员，自己有责任且有义务将前人的意志和追求传承下去，充分体现计算机专业课程思政教学载体开发的独特性与实用性，认识到自身未来发展还有很长的道路要走。

（二）计算机专业社团

高校社团能够发挥引导人、启发人、激励人等教育作用，是高校不可缺少的教育载体。近年来，高校社团所涉及的领域越来越广，数量随之增加。在新工科背景下计算机专业课程思政教学改革中，教学载体的深度开发自然会将一切有助于引导、启发、激励学生树立正确的思想价值观念以及有助于学生在专业领域全面发展的教育载体作为对象，因此计算机专业社团被纳入课程思政教学载体开发序列之中。

例如，计算机专业要大力支持"计算机爱好者"协会等社团建设，为其提供专业的师资力量，确保该专业思政教育工作者能够成为社团的指导教师，以吸引学生参与社团活动。计算机专业社团活动不仅是计算机专业课程思政教学活动的一种拓展形式，更是全面增强学生思想价值观念的一个有力抓手。

（三）计算机专业综合实践课程

当今科技创新领域充分证明了"实践出真知"这一真理，一切科技创新成果都要在实践中完成，并且要通过不断的实际运用加以检验，确保科技创新成果对科技进步具有推动作用。但是，就计算机专业学生而言，通过实践去验证这一真理并在未来专业发展道路中将其作为一种常态保持下去绝非易事，需要通过具有专业性、综合性、实践性的课程进行深入引导，借助专业课程思政教学，方可将其转化为现实，进而让学生燃起为中国科技创新事业飞速发展而不懈努力奋斗的热情。计算机专业综合实践课程成为计算机专业课程思政教学载体全方位开发的主要对象。

例如，在校内实训课程中，对于学生实操能力的培养，教师可将国内外计算机领域取得伟大成就的知名专家以及学科带头人的事迹融入其中，以最真实的方式呈现某一技术细节攻关过程，让学生深刻意识到只有将每一个环节通过实践做细、做精，才有可能取得各项技术研发成果。与此同时，教师要注重示范引领作用，使学生理解计算机领域发展道路中艰辛与成就相伴的真正寓意，培育"工匠精神"，充分发挥计算机专业综合实践课程在课程思政教学活动中的载体作用。

第四节　依托"立德树人"理念充分延展教学内容体系

"立德树人"作为课程思政建设所必须秉承的根本理念，充分体现了课程思政以德育为先、以人为本的育人内涵，充分发挥了课程思政教学引导人、感化人、激励人的作用，赋予了各项教育教学活动更为深刻的教育价值。因此，在新工科背景下计算机专业课程思政教学活动中，秉承"立德树人"理念必须以丰富的教育内容为支撑，这意味着教育内容的来源应保持多个视角，最为理想的实践方案应由以下三个维度构成。

一、"三大文化"资源融入计算机专业课程思政教学内容体系

正所谓"文化兴则国家兴，国家兴则社会兴"，当今中国比任何时期都更加接近中华民族伟大复兴。因此，在当今时代背景之下，实现中华民族伟大复兴已经成为中国共产党带领全国人民奋斗的伟大目标。高质量人才培养是实现这一伟大目标的根本前提，必须将中华优秀传统文化、革命文化、中国特色社会主义先进文化（以下简称"三大文化"）融入其中，对教育内容起到升华作用，让"以文化人"和"以文育人"成为高质量人才培养的基本表现形式。在新工科背景下计算机专业课程思政教学内容体系的构建过程中，"三大文化"资源的融入必不可少，体现了文化的先进性，充分诠释了教学内容的"立德树人"理念。

（一）中华优秀传统文化资源融入计算机专业课程思政教学过程

中华优秀传统文化是中国教育之本。继承和弘扬中华优秀传统文化是全面提升中国青少年整体素质的重要抓手，特别是在当今时代背景下，要实现中华民族伟大复兴应将传承和弘扬中华优秀传统文化作为关键中的关键，在全面推进新工科建设与发展道路中，计算机专业课程思政教学活动必然要将中华优秀传统文化视为核心内容的重要组成部分，确保将中华优秀传统文化深度融入该专业课程思政教学全过程之中。

例如，教师可以将中华优秀传统文化中的奋斗精神和爱国情怀作为课程思政教育内容扩充的首要选择，让学生在计算机专业课程学习过程中深刻认知自古以来中华儿女就怀有为国家发展繁荣不懈奋斗之心，并且在岁月更迭过程中始终未将其抛弃，进而帮助学生形成文化自觉和文化自信，树立正确的学习态度，促进学生专业层面和思想价值层面的协同发展。

（二）革命文化资源融入计算机专业课程思政教学活动

革命文化是中华优秀传统文化的重要组成部分，其教育意义不言自明。

在全面开展课程思政教学工作中，革命文化资源可作为课程思政教学内容的重要补充，从而为学生树立正确的世界观、人生观、价值观提供强有力支撑，通过感人的革命事迹引领学生树立家国情怀和民族精神，确保学生的各项学习活动能够拥有极为强劲的动力，新工科背景下计算机专业课程思政教学更应如此。

例如，教师将革命战争时期无数先烈为了民族独立前仆后继，抛头颅、洒热血的感人事迹作为课程思政教育内容扩展对象。在内容表现形式方面，革命文化资源既可以是珍贵历史图片的展示，也可以是珍贵历史影像的直观呈现，以便学生直观地了解中华儿女在近代社会走向民族独立历程中所付出的努力，让学生深刻意识到当今幸福美好生活的来之不易，明确作为一名计算机专业学生在当今时代背景下依然肩负着重要任务，是中华民族实现伟大复兴的重要支撑力量。

（三）中国特色社会主义先进文化资源融入计算机专业课程思政教学

中国特色社会主义先进文化的基本构成，既包括中华优秀传统文化，也包括中国共产党和全国人民在社会主义探索与发展道路中所取得的宝贵经验，其文化本身的启发作用、教育意义、感染力不言自明，因此，它是课程思政教学内容的理想组成。在全面推进新工科建设与发展的道路上，我们应将中国特色社会主义先进文化资源融入计算机专业课程思政教学内容体系的建设中，并促进内容品质的升华。

例如，教师将中国特色社会主义先进文化（如名人名事）作为课程思政资源选择对象，让学生通过真人真事感受到老一辈社会主义事业建设者在探索和积累中国特色社会主义发展中所付出的艰辛与努力，从中体会伟大理想和远大抱负对人的精神支撑作用。同时，教师应向学生说明最平凡的人成就最伟大的时代，帮助学生树立正确的世界观、人生观、价值观、道德观。

二、职业素养教育资源是计算机专业课程思政教学内容的重要组成部分

职业素养包括职业信念、职业知识与技能、职业行为习惯三个基本方

面。全面培育学生的职业素养是高校课程思政全面践行"立德树人"理念的重要体现。因此，新工科背景下计算机课程思政教学改革应将职业素养教育资源作为计算机专业课程思政教学内容的重要组成部分，并且要始终对其进行深度挖掘。职业素养教育资源挖掘的主要视角有以下三个。

（一）将有代表性的名人名事科学融入计算机专业课程思政教学内容

课程思政建设与实践的最终目的是正确引领学生的思想价值观念，并且以此为动力全面提升学科专业知识、技能、能力、素养，使学生真正成为对国家、民族、社会发展有用的人才。中国大力推进新工科建设与发展就是为了更好地应对新一轮科技变革和产业变革所提出的新挑战，全力培养出推进科技创新和促进产业转型升级的高质量人才，而具有代表性的名人名事往往能够对相关专业人才培养起到重要的启示作用。因此，新工科背景下计算机专业课程思政教学应将有代表性的名人名事作为教学内容体系的基本组成部分。

例如，教师应将与本专业相关并且具有代表性和影响力的国外名人名事作为该专业职业素养教育资源选择对象，如国际商业机器公司创始人对全球计算机领域产生了怎样的影响，有哪些技术研发开创了计算机技术领域的先河，对加快全球信息化进程作出了怎样的贡献，等等。这些教育资源可以通过微视频等方式清晰地呈现给学生，这种生动形象的展现方式给学生价值观念和责任意识带来了直接启发，从而为计算机专业学生"职业观"的全面培养提供理想素材。

（二）将存在于学生身边的感人故事作为计算机专业课程思政教学新的组成内容

让学生切实体会"感人至深"是课程思政教学活动开展过程中必不可少的。在课程思政教学活动中，教师将存在于学生身边的感人故事作为教学内容可以尽显思政教育价值。新工科背景下计算机专业课程思政教学活动全面开展也是如此。

例如，教师应将学生接触过的教师作为感人故事选择对象，挖掘他们在学术研究和技术攻关过程中展现出的工匠精神，以及对计算机科技创新所产生的影响和推动作用，以微视频和微电影的方式记录和呈现，使之成为激发学生在专业领域进取之心和感染学生为中华民族伟大复兴不懈奋斗之情的有力抓手。

（三）将校外资源作为计算机专业课程思政教学内容的主要拓展方向

新工科背景下计算机专业人才培养的目的是让人才可以顺利进入社会、适应社会。在课程思政教学活动中，教师应确保学生了解真实的工作状态，对其专业维度和思想价值维度形成正确引领。因此，全力开发校外资源，并且将其作为该专业课程思政教学内容的主要拓展方向不失为明智之举。

例如，教师可将本专业合作企业中的感人事迹作为校外资源主要来源，挖掘企业技术研发和攻关一线工作者既平凡又伟大的事迹，并以最直接的方式记录他们在技术研发和技术攻关中所付出的不懈努力，同时阐明其科研成就和技术攻关成果对中国计算机领域发展有着怎样的贡献。通过这些感人事迹，学生深刻理解伟大成就都是通过一点一滴的努力创造出来，这显然对学生家国情怀、民族使命、社会责任等意识的培养起到促进作用，更为学生"工匠精神"的培养提供了良好素材。

三、理想信念教育内容始终伴随计算机专业课程思政教学活动的开展

理想信念是国家和民族走向成功的精神支柱。为实现中华民族伟大复兴，面对新一轮科技变革和产业变革，我们必须始终坚定理想信念。计算机专业人才作为中国特色社会主义现代化强国的建设者和中华民族伟大复兴的见证者，在对该专业人才的培养过程中必须引导其始终高度坚定自己的理想信念。因此，理想信念教育内容应作为新工科背景下计算机专业课程思政教学内容体系的重要组成部分，让"立德树人"理念在该专业课程思政教学改革中得到充分彰显，具体实施方案由以下两部分构成。

（一）红色教育资源的有效融入

红色文化是中华优秀传统文化的重要组成部分，其文化内涵充分诠释了中国共产党带领全国人民创造幸福美好生活，以及在不懈奋斗和努力过程中

的坚定意志与理想信念，在习近平新时代中国特色社会主义思想指引下取得一系列惊人成就。红色文化是实现中华民族伟大复兴的坚实基础。

随着时代发展脚步的加快，新一轮科技变革和产业变革已经来临，科技创新成为迎接新变革和新挑战的有利条件，高质量人才培养成为决胜新一轮科技变革与产业变革的关键所在。这里的高质量人才培养不仅强调专业维度的高质量，更强调思想价值维度的高质量。

计算机专业作为新工科建设所覆盖的领域之一，高质量人才培养无疑要在专业维度和思想价值维度同步加强，要求学生以饱满的精神状态，满怀激情地投身于计算机专业课程知识、技能的学习活动之中，始终对计算机领域的发展满怀信心，在科技强国之路上保持坚定不移的意志和理想信念，从而为科技创新和产业转型升级贡献自己的一份力量，助力实现中华民族伟大复兴。对此，将红色教育资源融入计算机专业课程教学活动之中，并作为课程思政内容体系的重要组成部分极具可行性和必要性。

（二）现实中的榜样事迹要与教学始终相伴

面对新一轮科技变革和产业变革所提出的严峻挑战，科技创新是全面加快产业转型升级的重要出路，要不断加大核心技术攻关力度，并且将高质量人才培养视为重中之重。其间，无论是在核心技术攻关方面，还是在高质量人才培养方面，都需要保证其可持续性发展呈现超预期的效果，实现科技创新铸就中华民族伟大复兴。

计算机专业作为中国全面推进新工科建设与发展的重要着力点，一项重要使命是培养具有家国情怀、民族使命感、社会责任感的科技创新型人才。科技创新型人才既要在专业维度具有高品质，又要在思想价值维度呈现出高素养。但是，在教学实践活动中，将其转化为现实却并非易事，需要通过榜样的力量感染学生群体，这样的专业课程教学活动不仅在专业层面体现出极高的教育价值，更在思想层面和精神层面呈现出更为深刻的教育意义。对此，教师应将现实中的榜样事迹作为新工科背景下计算机专业课程思政教学内容体系的重要组成部分，并且与教学活动始终相伴。

第五节　围绕三个视角探索教学方法

教学方法的探索一直是教学改革工作重点之一，其多样性、创新性、实用性主要来源于教学方法探索的视角是否合理。在新工科背景下计算机专业课程思政教学改革方案构成中，教学方法的探索应围绕"以学生为中心""以产出导向为立足点""持续改进"三个视角开展，而这也是本节研究与探索的主要内容。

一、以学生为中心的计算机专业课程思政教学方法

在教学改革中，教师应注重教学方法的多样性、创新性和实用性。在教学实践活动中，如何以学生为中心，找出适合课程教学的方法成为教学改革实践中的一项重要任务。新工科背景下计算机课程思政教学改革实践应以学生为中心，极具代表性的教学方法如下。

（一）启发式教学法

启发式教学是指在教学活动中教师能够通过与教学内容相关的话题，带领学生主动进行思考，从而达到使学生深度理解并掌握知识和技能、提升与之相对应的能力与素养水平这一最终目的，让学生在学习活动中举一反三，不断探索新的知识并从中受到更多启发。

启发式教学以学生为中心，教学过程必须结合学生的兴趣、爱好、接受情况来开展，教学形式更加符合学生的"口味"。启发式教学法是各阶段学生普遍欢迎的教学方法。新工科背景下计算机课程思政教学活动已将启发式教学法作为一项重要选择，以此来达到激发学生专业课和思想价值观念培养的兴趣这一最终目的，确保计算机专业课程思政教学效果更加趋于理想化。

（二）文化浸润法

课堂教学作为教育教学工作有效开展的主渠道之一，虽然在类型上存在一定不同，但最终的目的却存在一致性，各学科课堂教学皆是如此。新工科背景下计算机课程思政教学工作的全面开展也不例外，虽然课程类型不同，

课堂教学形式也有一定差异性，但始终是以促进学生全面发展为主要目标。

营造良好的课堂氛围无疑是全面提高课堂教学质量的重要保证。其间，课堂文化氛围的构建是不可缺少的一部分，其原因在于计算机课程思政教学必须充分发挥教育人、感化人、引导人的作用。课堂文化氛围的构建恰恰能够让课程思政教学的这一作用充分发挥出来，让课堂教学活动不会变得枯燥，并且让学生在专业层面和思想价值层面同步发展。这样的教学过程就是文化浸润法课堂应用的过程，有利于计算机专业课程思政教学效果达到理想化。

（三）专业结合法

毋庸置疑，课程思政作为教育工作高质量发展的一项伟大工程，要贯穿学生的学业生涯，这就要求每一位教师都要坚守好自己的一段渠，种好自己的责任田，让各类课程与思想政治理论课教学工作始终保持同向同行，并且能够形成协同效应。在新工科背景下计算机专业课程思政教学活动更是如此，思想政治理论课教学目标要在专业课程教学活动中得到充分体现。

在此期间，计算机专业课程教师要在教学方法上始终保持推陈出新，将中国特色社会主义发展史、中华优秀传统文化、中国科技发展历程等内容纳入该专业课程思政教学，让学生能够深刻意识到身处当今社会自己肩负着怎样的责任和使命，从而激励学生将自己的理想与国家和民族事业融为一体，让自己的梦想与实现中华民族伟大复兴保持高度一致。

另外，教师在计算机专业课程思政教学活动中，不仅要围绕专业课程结构和特点，不断地对思政元素进行深层次挖掘，还要以激发学生课程思政学习兴趣为根本出发点，对思政元素与专业教育内容融合的方法加以创新，确保学生专业理想与新时代中国特色社会主义建设的方向高度吻合，让学生通过专业课程的学习能够产生强烈的社会责任感和历史使命感，确保自身远大的理想抱负能够为实现中华民族伟大复兴贡献一份力量。

二、以产出导向为立足点的计算机专业课程思政教学方法

众所周知，课堂教学方法的选择与使用的最终目的是让学生通过课堂学习过程，学会所要学习的知识、掌握有关技能、形成并提高相关能力，能够在实践中加以运用。新工科背景下计算机专业课程思政教学则是要让学生在

达到上述目的的基础上，能够以强烈的家国情怀、社会责任意识、个人理想信念投身于祖国未来计算机领域发展，实现自身的社会价值最大化。对此，探索新工科背景下计算机专业课程思政教学方法依然要以产出导向为立足点，理想的教学方法如下。

（一）主题思考法

主题思考法是对以往"授受式"教学形式的一种突破，其教学形式更能突破对课程教学固有章程的限制，让教学内容得到进一步深化、提炼、充实，是一种更容易被学生理解和接受的课堂教学方法。采用主题思考法，不仅有助于学生在实践活动中将所学知识和技能加以应用，更有助于学生有关能力和素养在实践活动中的全面发挥。

课程思政教学工作的全面开展应将思政元素与课程教学内容紧密结合起来，这势必同课程固有的章程产生一定冲突和矛盾。单纯以"授受式"教学形式开展课程思政教学活动，其过程和效果不理想。

基于以上观点的阐述，新工科背景下计算机专业课程思政教学改革以主题思考法为教学方法，以主题讲座等教学形式让学生在专业维度和思想价值维度得到同步提升，从而确保课程思政教学的产出效果能够满足学生层面、社会层面、国家层面的发展要求。

（二）一线实践法

一线实践法是高校人才培养道路中常用的一种教学方法，其目的是让学生在真实的职业氛围熏陶下，对自身专业成长和未来发展有更为深刻的认知，进而树立正确的世界观、人生观、价值观、职业观。新工科背景下计算机专业课程思政教学应将一线实践法视为一项重要选择。

教师在一线实践法的应用过程中，应融合思政教育的"主体学习"思想和专业教育的"情感体验"思想，通过真实的职业环境和生动的思政元素感化学生，采用集中引导和个体引导的方式帮助学生将专业知识、专业技能、文化氛围内化于心，从而实现学生知、情、意、行的统一，帮助学生不断提升专业层面和思想价值层面的高度。

（三）案例教学法

从理想的教学过程和教学效果角度出发，思想政治教育应该像"盐"一样，是人体不可缺少的物质，但是人们在日常生活和生产劳动过程中不能只吃盐，还要与其他食物搭配，这样不仅利于人体吸收，而且能让其他食物更好地为人体提供各种需要的营养。因此，除思想政治理论课之外的其他课程也要与思想政治教育相融合，这样教学过程和效果才能达到理想化。

然而，一味地将思想政治理论课的相关内容硬性嵌入其他课程教学活动中显然不能呈现理想的教学效果，通过外部手段将其细化不失为明智之举，新工科背景下计算机专业课程思政教学也是如此。其间，挖掘案例并采用"摆事实""讲道理"的形式来开展势必会达到甚至超出教学预期的效果。

在这一教学过程中，教师可以让学生通过真实案例对观点进行论证，从中明确在专业发展道路上面对具体问题时的心态、视角、方法，从而带动学生主动思考，学会用理论联系实际，以辩证的角度去看待问题和解决问题，为实现自己的专业理想和远大抱负打下坚实的基础。

三、计算机专业课程思政教学方法持续改进的路线

新工科背景下计算机专业课程思政教学效果的可持续提升极为关键的一环在于教学方法能够得到持续改进，由此对学生专业维度和思想价值观念维度产生最为直接的影响。但是，计算机专业课程思政教学方法持续改进需要以持续性过程为重要依托，在教学实践中的行动路线应该始终坚持以下三点。

（一）始终围绕学生的切实需要寻求教学方法的创新

一切教学改革活动的深化落实都以满足学生学习需求为主要出发点，经过不断完善的教学过程，力求教学能够达到甚至超出预期效果，新工科背景下计算机课程思政教学改革也是以此为初衷。其间，教学方法是教学过程顺利实施的关键，对教学效果起着决定性作用。

新工科背景下计算机专业课程思政教学方法的持续改进坚持以学生主动参与学习的切实需要为基本出发点，不断寻求教学方法的创新。这是"第二创造"精神的一种直观体现，也是计算机专业课程教学面对新一轮科技变革和产业变革全面实现提质增效的重要保障。

（二）始终立足资源的丰富性进行教学方法的整合

在课程思政教学活动中，教学资源的丰富性直接关乎课堂教学过程是否枯燥无味，学生学习的兴趣是否会就此发生变化。所以，在新工科背景下计算机课程思政教学改革过程中，教师应深入挖掘与专业课程知识以及技能和能力培养有关的思政素材，让课堂教学的全过程变得更加饱满，为教学方法创新开发出更大的空间。

以此为契机，教师可结合专业性课堂教学内容和思政元素，对现有教学方法不断进行改进，使课程思政教学的形式变得更加多样，以此确保学生参与该专业课程思政学习的积极性与主动性得到长时间保持。这样的教学活动本身也会对学生起到教育作用、引导作用和感染作用。

（三）始终秉承成就学生、社会、国家计算机领域未来高质量发展的原则优化教学方法

新工科背景下计算机专业课程思政教学改革的最终目的是让学生以饱满的精神状态学习计算机领域相关知识，不断提升知识技能、能力、素养，进而培养学生成为对社会有用之人，最终对国家科技创新能够起到积极的推动作用。

计算机专业课程思政教学方法的持续改进与优化显然不仅仅立足于教师教学活动顺利开展，更立足于成就学生、社会、国家计算机领域未来高质量发展这一根本目标，其初衷体现在该专业课程思政教学活动的提质增效，充分彰显计算机专业课程思政教学的时代意义和价值。

第六节　制定产学合作协同育人新机制

新工科建设步伐的不断加快，其最终目的是让中国经济与社会发展能够有效面对新科技变革和新产业变革所提出的严峻挑战，人才培养效果也会在最终的实践道路中得到检验。为了使检验结果更加趋于理想化，产学合作协同育人机制成为新工科背景下高校人才培养的普遍选择，计算机专业人才的培养也是如此。因此，计算机专业课程思政教学改革要与高校人才培养方案

保持高度一致，有效制定出产学合作协同育人新机制。

一、"课程思政 + 产学合作"模式的确立

新工科背景下计算机专业课程思政教学可采用"课程思政 + 产学合作"的模式，促进学生在专业维度和思想价值维度同步发展。在此过程中，计算机专业产学合作人才培养模式呈现出"价值引领"的德育特色，教学过程更能充分体现专业领域和思想、价值、道德观念同步引领的特征，为计算机专业高质量人才培养打造理想的教学平台。

"课程思政 + 产学合作"模式的运行过程应强调学科间知识的深度融合，以思政元素的有效带入为重要依托，在专业课程教育教学活动中结合其他学科有关知识更好地进行思政教育，形成区域理想化的教学场景。以此为基础，还要强调教育教学活动的全面开展应与计算机专业学生认知规律和职业发展道路的实际需求相结合，让课程思政教学活动能够保持校企共建、学科共建、专思共建这一常态，让计算机专业与大学生思想政治教育之间能够形成更为紧密的逻辑关系，让专业课程教学目标与高校思想政治课程教学目标能够保持同频共振，确保计算机专业学生树立正确的思想观、价值观、德育观。

此外，学校要注意因势利导，不断对有助于计算机专业课程教学思想、价值、道德观念渗透的因素进行深度挖掘，不断扩大产学合作范围及改进协同育人的方式，让学生深刻感受到计算机专业课程教学活动不仅有明显的专业因素，还有文化因素和价值范式伴随其中。

二、"工匠精神"和"企业文化"教育特色在课程教学活动中的充分彰显

在"产学合作"模式下的计算机专业课程思政教学实践过程中，打造出一个正确并完整的价值观体系是关键一环，而这也是教学活动开展思路的集中体现。教师必须改变固有的教学方式，转变自身的角色意识，进而引导学生的情感态度，帮助学生树立正确的职业观。

"工匠精神"和职业忠诚度的全面培育是一项重要工作，这意味着教师要将先进的"企业文化"融入计算机专业课程思政教学，成为计算机专业课

程思政教学中的重要德育元素。在这一过程里，教师不仅要对促进学生职业道德培育、思想价值观念正确形成的思政元素进行深度挖掘，还要以最佳的方式让其融入该专业课程思政教学，让学生通过感受企业文化理解自己所肩负的责任。这无疑是对计算机专业有效进行社会责任教育和价值观教育最为理想的途径，更能对学生"工匠精神"和职业忠诚度的培养起到积极推动作用。具体的思政元素挖掘方向在于优秀企业的企业精神、价值观念、行为准则等。计算机专业课程教学"工匠精神"和"企业文化"教育特色的形成路线见表 5-1。

表 5-1　计算机专业课程教学"工匠精神"和"企业文化"教育特色的形成路线

步骤	主要工作	目标实现
步骤一	从计算机专业课程思政知识点中挖掘"产教融合"的思政元素	能够对计算机专业课程知识的来源、发展、技术应用、产业与市场发展、与社会生活之间的关系予以高度明确，从中找到知识内涵本身所具有的价值观以及哲学关系、逻辑关系、情感关系
步骤二	建立计算机专业课程知识点价值模块	有效进行计算机专业课程指示模块重组，并且做到知识广度的延伸、知识深度的挖掘、"产学合作"内涵的深入解读
步骤三	教学空间与时间的进一步拓展	通过多个"知识－思政"点来组成一条完整的"思政线"，并且立足"思政线"形成一个健全的"思政面"
步骤四	引导学生积极主动参与和体验计算机专业课程思政教学活动	在产学合作校的计算机专业课程教学中，以情感体验和润物无声为基本目标，合理融入相关元素
步骤五	通过多种形式有效融入价值观教育	高度结合计算机专业课程知识点、该领域的发展史、教师和学生的亲身经历等资源，使计算机专业"产学合作"育人过程更加具有故事性和生动性
步骤六	打造"产教融合"多种学习模式	科学有效地利用现有资源检索技术以及情景模拟、即时通信、各种网络平台等信息技术工具，对"产学合作"思政元素不断予以深度挖掘
步骤七	形成思政元素的多学科跨界融合	彻底打破学科之间存在的壁垒以及"填鸭式"教学模式所形成的思维定式局面，将"产学合作"思政元素融入计算机专业课程内容
步骤八	上接"步骤一"	进一步从计算机专业课程思政知识点中挖掘"产学合作"的思政元素

三、"大数据＋教育"大德育框架的全面形成

新工科背景下计算机专业课程思政教学采用"课程思政＋产学合作"模式，这一模式意味着教师在教学观念上要发生转变，以多载体为基础，逐步形成打造理想教学环境的观念，利用更多的教学载体打造多种课程思政育人模式。

首先，教师可以利用先进的教育技术激发学生参与课程思政教学的兴趣，使计算机专业课程思政教学活动的素材能够渲染和烘托教学气氛。需要特别注意的是，素材本身要以"职业素养""价值引领""养成教育"为主要选择范围，同时对线下课堂教学、课外活动、线上教学三个维度进行教学载体的打造，让计算机专业"课程思政"和"产学合作"之间的素材能够保持互动。

其次，教师可以打造出一条微传播链条，始终使其与计算机课程思政教学的各个环节之间保持紧密联系，让各个教育专题成为计算机专业课程思政教学的特色，激发学生参与计算机专业课程思政学习活动的兴趣，培育学生参与感和获得感。微传播链条既可以由课堂微电影和微视频构成，也可以由微讨论和微示范环节构成。

最后，教师要立足网络化时代背景下企业文化的特点以及思政教育的特点，将企业文化所蕴含的现代文化色彩和思政教育的导向性特点在课程思政教学活动中呈现出来，为学生打造一个可以在潜移默化中受到影响的平台，进而让学生职业技能、能力、素养与人文精神在无形中得到引导，这对计算机产业链和计算机领域人才链的同步发展起到重要推动作用。

第六章 新工科背景下计算机专业课程思政教学实践路径构建

全面加快新工科建设步伐是新时代背景下，国家充分应对新一轮科技变革和产业变革的一项重要举措，计算机领域的发展是直接影响因素，全面提升计算机专业人才培养质量成为当下乃至未来高校计算机专业发展的重要任务。在此过程中，坚定不移地走课程思政路线，并确保课程思政教学实践工作得到进一步深化落实自然成为关键中的关键。本章将以推进新工科建设为背景，对计算机专业课程思政教学实践路径的构建全过程作出系统性论述。

第一节　全方位提升职能部门和专业教师课程思政教学理念

新工科背景下计算机课程思政教学高质量发展是一项系统工程，其任务的复杂性和艰巨性是不言而喻的，既需要专业教师有效转变和不断提升课程思政教学理念，也需要学校层面对课程思政教学理念有着清晰的认知。对此，新工科背景下计算机专业课程思政教学实践路径的构建必须将全方位提升职能部门和专业教师课程思政教学理念置于首位，具体操作如下。

一、全面转变学校职能部门工作人员课程思政教学理念

学校职能部门作为确保学校各项育人工作全面开展和学生未来获得良好发展的关键力量，使得各职能部门在学校组织体系中都占据着极为重要的位置。在新工科背景下计算机专业课程思政教学工作的深化落实过程中，必须先从全面转变学校职能部门工作人员课程思政教学理念入手，确保职能部门能够充分意识到课程思政教学与部门工作息息相关，从而为其提供强有力的支持与服务，具体实践策略如下。

（一）强化组织体系的示范引领作用

组织体系始终坚持示范引领作用是全面增强组织向心力、政治功能、共议共治功能的有力保障，也是各项工作得以全面开展的重要基础。新工科背景下计算机课程思政教学工作的全面开展是以专业课程和公共课程教学为平台，让思想政治教育基本目标形成"全课程"渗透，始终引领学生的思想、

价值、道德观念形成，确保学生在专业领域成为高素质和高水平人才。

其间，学校职能部门的重视程度直接关乎计算机专业课程思政教学的深入力度。学校职能部门的模范作用会直接影响广大专业教师对课程思政教学全面开展的重要性和紧迫性的认知，也会直接影响学校职能部门对专业教师课程思政教学能力的培养与培训力度，这无疑会对课程思政教学效果造成影响。

上述观点表明了学校组织体系示范引领作用与课程思政教学活动之间的具体关系，因此将前者予以有效强化可作为全方位转变学校职能部门工作人员课程教学理念的重要抓手，为计算机专业课程思政教学能够从中实现受益最大化提供有力保障。在此期间，具体操作包括：不定期地开展组织体系关于大政方针和决策部署的研学活动，确保组织体系建设与党的教育行动路线保持高度一致，确保学校职能部门在政治信仰、理想信念、政治纪律及教育理念方面得到全面增强；通过组织体系政治教育实践活动，全面激发党员模范带头作用，带领学校职能部门工作人员切实感受教育工作为什么伟大，明确高校究竟是"为谁培养人"和"培养什么样的人"，为深入探寻"怎样培养人"打下坚实基础，在提升学校职能部门工作人员对全面课程思政教学重要性和紧迫性认知程度的同时，实现他们对学校课程思政教学理念的积极转变，让学校职能部门在课程思政教学活动开展过程中充分体现组织力和凝聚力。

（二）立足"行业课程思政"和"专业课程思政"视角实施质量监管

学校职能部门在高度明确课程思政教学理念和充分调动主观能动性的基础上，不断提升服务课程思政教学的意识和能力。最为有效的方法是立足"行业课程思政"和"专业课程思政"，全面实施质量监管，这样既能充分发挥学校职能部门在课程思政教学工作中的作用，又能确保作用的全方位体现。

立足"行业课程思政"和"专业课程思政"视角实施质量监管，应以保持高度"客观""准确"为着眼点，定期开展课程思政教学质量检验工作。结合行业人才需求标准和专业发展方向，针对课程思政教学工作质量进行不定期检验与核查，从而体现学校职能部门对课程思政教学质量的监管力度。具体而言，市场经济视角下的行业发展与学校视角下的专业发展都要秉承与时俱进的思想，符合人才需求和人才培养的特定要求，定期开展学校课程思政教学质量检验，从中了解优势与不足。从"行业课程思政"和"专业课程思政"视角实施质量管理应以"理"为立足点，全面履行课程思政教学效果不达标教师召回制度，紧扣"人"和"事"两条主线，从行业角度和专业角度对课程思政教学质量进行客观分析，从中明确究竟是教师自身原因还是外部因素导致课程思政教学现实情况的出现。就前者而言，将教师及时召回和培训，优化教师教学理念和教学方法；就后者而言，对外在保障条件予以全面加强，如教学内容、教学资源、教学结构、教学技术手段的丰富与升级等，确保教师自身和外在保障条件都能满足课程思政教学高质量运行的需要。

（三）依托优化服务支撑作用完善专业课程思政教学的保障条件

学校职能部门包括党务群团部门和行政职能部门。其中，党务群团部门主要包括党政办公室、组织部、宣传部、统战部、校纪委、学生处等部门。党务群团部门主要负责为高校教职员工与学生提供思想意识、价值观念、道德素养方面的引导与服务。行政职能部门主要包括教务处、科研处、人事处、财务处、后勤保障处等部门。行政职能部门主要负责为教育教学工作和教学科研工作全面开展以及全面强化学生专业领域的知识、技能、能力提供服务。

无论是为培养学生思想意识、价值观念、道德素养等方面提供的服务，还是为增强学生专业领域的知识、技能、能力提供的服务，都应该呈现出过程性，而不是呈现结果性，只有这样，学校课程思政教学工作的全面开展才能被提升至学校战略高度，才能拥有极为理想且充分的保障条件。

根据高校人才培养的时代要求，深度挖掘学校职能部门所肩负的新责任和新使命，并且从中明确各职能部门具体工作任务，从而在精神层面和实践层面为课程思政教学工作全面而深入的开展提供有力保障，在课程思政教学工作中贯彻落实"三全育人"理念。例如，课程思政教学的"软件条件"和"硬件条件"的不断更新与优化等，使各专业有利于全面深化课程思政教学。

二、全面转变专业教师课程思政教学理念

专业教师是新工科背景下高校课程思政教学工作深化落实的中坚力量，其教学理念是否先进必然会直接影响课程思政教学整体效果的好坏。在新工科背景下科学构建计算机专业课程思政教学实践路径过程中，必须将专业教师对课程思政教学理念的转变放在重要位置。

（一）高度明确专业课育人的职责

在新工科背景下，高校育人思想不仅体现在专业层面，更体现在精神层面，旨在让学生真正成为有理想、有道德、有远大抱负、有民族精神、有扎实理论功底、有过硬专业技能、专业技能全面发展的高水平专业人才。计算机专业作为新工科背景下高校全面建设与发展的重点专业，其专业育人思想要与高校育人思想相统一。因此，在计算机专业课程育人过程中，教师要进一步明确所肩负的职责，即将德育贯穿专业课程教学活动。

新工科背景下计算机专业课程教学活动要始终以思想政治教育目标为导向，在各项教学活动的目标设置、内容设置、方法选择、评价视角方面，都要以对学生专业层面和精神层面的引导为主要任务，确保学生在计算机专业课程学习活动中能正确认知自己要做怎样的人和怎样做人。在这一过程中，教师专业课程育人的理念会在无形中发生转变，融入思政元素有利于对学生思想、价值、道德观念的正确引导与指向，课程思政与计算机专业课程也由此紧密联系在一起，专业课程教学的整体水平从而实现质的提升。

（二）厘清思政课程与专业课程之间的关系

从高校思政课程目标角度出发，让学生通过理论学习和实践活动明确以唯物辩证的视角看待事物发展，明确事物的发展都要遵循客观规律，中国经济与社会发展局面正是对有关理论观点的客观说明。其中，历尽艰辛、艰苦奋斗是经济发展的必由之路，符合事物发展的客观规律。大学生作为祖国未来社会主义事业的建设者和接班人，为了实现中华民族伟大复兴需要不断地付出艰辛和努力，成为有信仰、有担当、有创新、能创造的高质量人才。

高校计算机专业课程建设与发展的根本目标是为各领域各行业实现高质

量发展培养和输送专业理论基础扎实、专业技能过硬、专业能力全面的高素质和高水平的计算机专业人才，确保计算机专业人才能够成为推动计算机领域发展的中坚力量，最终成就中国经济与社会的高质量发展。

通过以上对高校思政课程目标和计算机专业课程建设与发展目标的解读，可以发现二者之间存在明显的依存关系。计算机专业课程建设与发展与思政课程总体目标的相互融合能够让专业课程育人效果更为理想，将其转化为现实则意味着专业教师对专业课程教学内涵解读的水平达到新高度。

（三）加强各专业课程教师对思政教育原则与目标的内化

在高校计算机专业课程教学中，教师在课程思政教学理念方面的转变显然需要经历完整过程。高度明确计算机专业课程育人的职责是宏观层面转变课程思政教学理念的过程，厘清思政课程与该专业课程之间的关系是主观层面转变课程思政教学理念的过程，加强各专业课程教师对思政教育原则与目标的内化则是微观层面转变课程思政教学理念的过程。在此期间，计算机专业课程教师要从以下两方面入手。

一方面，牢牢把握思政课程与计算机专业课程目标的契合点，探寻以高校思想政治理论课教学目标为导向的计算机专业课程教学实践的优势条件。当今时代高校思想政治理论课程和计算机专业课程建设与发展的总体目标都是以学生全面发展为最终追求，以此为契合点在计算机专业教学内容、教学方法、教学评价方面进行思政元素的渗透，对学生思想素质和专业素质的发展进行启发与引导。计算机专业课程教学全过程的优势条件也会随之出现。

另一方面，围绕高校思想政治理论课教学目标的实现条件，探寻专业课程教学原则与目标的设计思路。在高校思想政治理论课教学活动中，教学目标的实现遵守学生理解、接受、掌握、应用新知识的一般规律，通过有效运用方向原则、民主原则、主体原则、求实原则、激励原则，最终将教学目标转化为现实。在高校计算机专业课程教学活动中，教师应根据课程教学实际需要，科学运用上述原则，进而形成思政课程与计算机专业课程的对接意识，并有效挖掘计算机专业课程中的思政元素，实现计算机专业课程教师对思政教育原则与目标的充分内化，使课程思政教学理念也具有极强的科学性和适用性。

第二节 建立"五维"课程思政教学目标体系

科学合理地建立课程教学目标是教学活动最终走向成功的重要前提条件，也是课程教学实践活动的首要环节。因此，新工科背景下计算机专业课程思政教学实践路径的构建应该将其置于首位。其中，"科学性"与"合理性"的体现应从各维度入手，不断对其进行充分挖掘。本节内容主要从德智体美劳五个维度入手，对计算机专业课程思政教学目标体系建立的实践操作路径予以明确，希望广大教师能够从中受到一些启发。

一、以德育专：让计算机专业课程具有马克思主义鲜亮底色

面对当今时代与社会的飞速发展，教育部为了有效应对新一轮科技变革和产业变革，正在不断加快新工科建设步伐，国家教育体制改革的步伐也随之不断加快。其目的是让新工科涉及的高校和有关专业学生能够应对新一轮科技变革和产业变革，明确自己今后究竟应该成为一个怎样的人，以及为了达到其目的应该付出怎样的努力。全面开展课程思政教学工作是新工科背景下高校人才培养工作的新重点，计算机专业人才培养也是如此。

广大计算机专业教师首先应明确课程思政教学活动的全面开展始终以"立德树人"理念为核心，无论是在教学准备工作方面，还是在课程教学方案的实施方面，都要以该理念为基本立足点。"立德树人"的根本宗旨是以德育为先，通过教育引导人、感化人、激励人，遵循"以人为本"的原则，让教育对象真正成人成才。通过德育工作促进计算机专业学生的专业领域全面发展是课程思政教学的根本目标，使计算机专业课程具有马克思主义鲜亮底色。

在教学实践活动中，建立课程思政教学目标的方法并不复杂，主要包括两个方面：一方面，明确教育部全面推进新工科建设的目的，以及计算机专业学生未来发展的重要任务，明确学生未来发展所要肩负的社会责任和历史使命；另一方面，根据课程思政教学的基本理念，获得教学活动在国家、社会、科学、文化、法治、职业等方面所要履行的教育责任和义务，明确育人和树人目标，以学生未来发展为基本着眼点，确保计算机专业课程思政教学的教学内容、教学方法、教学评价始终奉行"以德为先"的宗旨。

二、以智育专：让计算机专业课程将知识传授和价值观塑造融为一体

"智育"的实质就是开发智力的教育，泛指文化科学知识的教育。智育是学校工作的主体构成之一。高校作为高质量人才培养的摇篮，智育工作始终是其日常教育教学活动的基本任务，特别是在新工科背景下，高校专业课程更要将智育工作放在重要位置。在这里，特别需要强调的是，"智育"的目的并不单纯在于让学生学习科学文化知识，而是要注重引导学生深刻意识到为什么学习科学文化知识，从中体现出专业教育的意义和价值，这也是对"教育活动不仅要让学生知其然，更要让学生知其所以然"的有力诠释。这与学校课程思政建设的基本出发点高度吻合，所以在新工科背景下计算机专业在人才培养过程中，课程教学活动的全面开展必须贯彻课程思政的基本理念，强调专业课程教学要将"智育"的初衷充分贯彻到各类课程教学活动中，让课程思政教学效果趋于理想化，力求计算机专业课程教学能够将知识传授和价值观塑造融为一体，这也是计算机专业课程思政教学的又一基本目标。

在计算机专业课程思政教学实践活动中，广大教师确立该教学目标需要从以下三方面入手：一是明确计算机专业课程思政在学生学科素养培育过程中发挥的作用；二是明确学生学科素养培育与学生思想、价值、道德观念养成之间存在的关系；三是围绕计算机专业课程思政在学生学科素养培育中的作用，以及后者与学生思想、价值、道德观念之间的关系，建立推动学生专业领域和思想、价值、道德观念同步发展的教学目标，以达到计算机专业课程思政"以智育专"的目的。

三、以体育专：让计算机专业课程成为促进学生身心健康发展的重要平台

身心健康发展是素质教育的基本目标。高校人才培养之路始终坚持以素质教育为根本，因此学生心身健康发展也是高校人才培养的基本目标。通过促进学生身体健康发展的方式来优化学生固有的心理状态，从而在学生心理层面和精神层面起带动作用，以确保高校学生真正成为全面发展的人才，这无疑是高校人才培养的现实意义所在。

在此期间，各项体育工作的全面开展对学生心理健康和精神健康起着至关重要的推动作用。因此，新工科背景下计算机课程思政教学工作的全面开展要坚持"以体育专"的教学目标，让计算机专业课程成为促进学生身心健康发展的重要平台。

在计算机专业课程思政教学活动中，广大教师建立该教学目标应从两方面入手：一是高度明确体育活动对计算机专业学生心理健康发展的重要意义，二是明确心理健康发展对计算机专业学生成长与社会发展所起到的作用。对于前者而言，其重要意义主要体现在体育活动是学生身心变得健康豁达的理想途径，能够培养学生团队意识、责任意识、尊重他人的意识和社会交往能力，帮助学生树立正确价值观念。对于后者而言，学生心理健康发展会给学生精神层面带来一定启发，也会随之产生集体感、荣誉感、家国情怀，也就是说，计算机专业课程思政教学能够更好地为学生生理、心理、精神全面发展提供助力。

四、以美育专：让计算机专业课程具有提升学生审美和人文素养的功能

美育是学校日常工作的又一重要组成部分，在学生审美取向和人文素养的全面形成中发挥着重要引领作用，高校人才培养工作显然不应将美育排除在外。新工科背景下高校计算机专业人才培养必须将"以美育专"作为人才培养的主要视角，为充分达到这一目的，需要全面而又深入地贯彻和落实计算机专业课程思政教学工作，并确立让计算机专业课程具有提升大学生审美和人文素养功能的教学目标。新工科背景下计算机专业课程思政教学实践活动有效确立该教学目标需要明确以下三个方面：

一是深挖计算机专业课程与美育之间的必然联系，对计算机专业课程进行更高层次的定位。计算机专业课程教学活动始终围绕国家新兴战略深化落实所提出的要求全面开展，既赋予课程专业性，也赋予课程极高的责任性。计算机专业课程教学活动的全面开展肩负着培养计算机领域高质量人才这一重要任务，无数前辈竭力付出，其付出无疑蕴含着价值美和责任美，为的就是让中国的计算机领域能够引领全球发展，这也是新工科背景下赋予高校计算机专业课程思政教学的一项新使命。

二是明确计算机专业课程美育功能在学生思想价值维度培养中所发挥的作用。人们常说世间的美无处不在，只是人们缺少发现美的眼睛。在计算机专业课程教学中，教师应通过名人名事、国内外时事、身边小故事向学生展现其蕴藏的美，对学生思想价值维度产生积极影响，为学生审美取向和人文素养的培育提供有利条件。

三是确立计算机专业课程思政美育目标。在明确计算机课程教学美育功能基础上，要结合学生专业成长、心理发育、思想形成的一般规律，建立与之相对应的计算机专业课程思政教学目标，充分发挥计算机专业课程提升学生审美和人文素养的作用，凸显新工科背景下计算机课程思政教学的时代价值。

五、"以劳育专"：让计算机专业课程深度践行"知行合一"的思想

"知行合一"是高校育人的一项基本原则，也是高校人才培养的关键环节。所以，新工科背景下计算机专业课程思政教学活动将专业课程深度践行"知行合一"的思想作为一项基本教学目标，让计算机专业课程思政教学成为学生未来专业发展和自身价值最大化发挥的理想载体，这是新工科背景下计算机专业课程教学"以劳育专"目标的根本体现。在计算机专业课程思政教学实践活动中，全面建立该教学目标需要经历一个完整的过程，主要包括三个方面：

一是明确计算机专业劳育活动的主要范围，以及对学生知识、技能、能力、综合素养全面发展的作用。新工科背景下计算机专业人才培养的目的是全面加快中国新兴战略发展步伐，为新兴行业实现又好又快发展目标输送高质量人才。其中，劳育活动包括社会调查、志愿服务、公益活动、勤工助学、海外交流学习等各类社会实践活动。这些实践活动的全面开展既可以让学生了解中国计算机领域所取得的突破性进展，又可以让学生了解到哪些方面需要进一步开展技术攻关，实现技术攻关对中华民族伟大复兴有着怎样的意义，这对学生专业层面和思想价值层面的深度认知起到积极的推动作用。

二是从学生专业成长和思想价值观念形成的一般规律出发，确立具体的劳育活动安排。在明确劳育活动与专业层面和思想价值层面之间的关系基础上，始终立足"以人为本"的教学理念，结合学生专业层面的成长和思想价

值观念形成的普遍规律，对计算机专业的劳育活动作出战略性部署，以保障学生专业维度和思想价值维度的成长与发展始终具备理想的实践平台。

三是结合具体的劳育活动安排，建立"以劳育专"的教学目标。该教学目标要呈现出"阶段性"特征，包括近期、中期、中长期目标，确保学生在专业课程实践活动中思想、价值、道德观念能够逐步成长与发展，在成就自己未来发展的同时，更能助力社会和国家的未来发展。

第三节　将"全课程"作为课程思政教学载体

课程思政育人理念明确指出要以"三全育人"为基本理念，强调全员化育人、全过程育人、全方位育人，其中，"全过程"指课程思政教学要贯穿学生学业生涯，通过不断的引导和启发，培养学生最终成为国家和社会发展所需要的人。新工科背景下计算机专业课程思政教学必须秉承"全过程育人"思想，使课程思政教学载体的价值最大化，确保课程思政教学工作的全面开展，最终能够培养出国家和社会发展所需要的人才。具体操作应将以下两方面作为着力点。

一、专业必修课程：课程思政教学的主要载体

所谓专业必修课程，是指学生在校期间必须学习的专业课程。专业必修课程具有通用性和专业程度极高两个特点。它是学生赢得未来发展的重要载体。专业必修课程是计算机专业课程体系至关重要的组成部分，是课程思政"全过程"育人的首要载体选择，为实现课程思政"三全育人"目标提供坚实的教育平台。

（一）在专业化教育课程育人功能中植入理想信念的引领

计算机专业必修课程以专业化教育为主。专业化教育是指执业人员具有从业必备的专业学习背景，所在学校及所学专业的办学条件、课程设计、教学过程、教育质量都要达到规定标准的教育过程，其教育功能具有较强的专业引领性。

新工科背景下计算机专业课程思政教学工作的全过程开展需要以这一教育功能为载体，将思政元素融入计算机专业课程教学活动，引领学生在专业发展道路上树立并始终坚持正确的理想信念，从而让其职业发展之路始终作为推动民族和社会发展的道路，这也可以成就计算机专业学生未来的可持续发展。

（二）在专业化教育课程育人方案中融入"红专并进"思想

专业课程作为专业人才培养的核心载体，其目的是为国家和社会培养出符合时代发展要求的高质量人才，因此在专业课程建设与发展道路中都会有一套明确的育人方案作为支撑，并且其方案也会随着时代的发展进行优化调整。在全面应对新一轮科技革命与产业变革的时代大背景之下，新工科建设正在如火如荼地开展，它不仅要求学生具备过硬的专业知识、专业技能、专业能力、专业素质，还要求学生树立远大的理想抱负作为精神支撑，有强烈的家国情怀和社会责任作为奋斗的动力。

新工科背景下计算机专业课程教学活动要将培养学生树立远大理想抱负、家国情怀、社会责任意识作为重要工作，并确立与之相适应的人才培养方案。其中，红色文化与专业课程教学活动深度融合成为理想之选，让红色文化资源能够合理解构并充分融入专业课程教学的各个环节，从而让课程思政教学的"全课程"育人拥有最为重要的支撑条件。

（三）在专业化教育课程教育内容与方法中贯彻"多方联动"原则

课程思政教学工作的深入落实无疑是一项系统性工程，特别是在新工科背景下计算机专业课程教学活动中，将思政元素不间断地融入专业知识讲解、专业技能培养、专业能力养成、专业素养培育，必须在课程内容的设计和课程教学方法的选择上狠下功夫，才能保障专业化教育课程思政教学过程对学生专业层面和思想价值层面形成全方位引导。

在这里，"多方联动"是必须高度贯彻的原则。既要联合行业主管部门为学生提供行业发展走势方面的资源，又要联合有关企业分享当下的真人真事，更要联合文化主管部门将具有深层感染力和教育意义的文化资源予以共享，让学生在专业课程学习活动中既能够强化自身的专业水平，又能在思想、价值、道德层面受到深层启发。

二、专业选修课程：课程思政教学载体的重要补充

专业选修课程是专业必修课程的重要补充，也就是按照专业课程计划学生可自行安排选习的课程。专业选修课程具有可选择性和专业性两个明显特征。专业选修课程是高校专业课程体系中的重要组成部分。计算机专业课程体系的基本构成也不例外，这意味着新工科背景下计算机课程思政教学活动的"全课程"深入必须将专业选修课程作为重要载体，使其成为课程思政教学载体的重要补充。

（一）特色课程要高度突出对中国特色社会主义共同理想的思想认同引领作用

在高校专业课程体系中，特色课程通常是指"校本课程"。校本课程既能够体现专业课程育人理念的独特性，也能够体现课程内容和课程方法具有的创新性，它是专业选修课程的核心组成之一。因此，计算机专业课程思政教学的"全课程"开展就需要将特色课程作为重要载体。无论是在课程教学的内容方面，还是在课程教学的方法方面，都要有明确的指向性。

高度突出对中国特色社会主义共同理想的思想认同引领作用应被视为重中之重。具体而言，高水平人才培养的最终目的是为中国特色社会主义各项事业发展提供强大的推动力，使其成为时代的领航者和推动者。特色课程应结合时代发展的切实需要，将计算机专业学生综合能力和素质培养放在第一位，帮助学生通过坚持不懈的努力踏入高水平人才之列。在教学内容方面，教师应将中国特色社会主义建设总体方针、已取得的伟大成就、未来发展的主要方向等内容作为特色课程内容体系的重要组成部分，并且将其融入特色课程知识点教学活动，引领学生在思想层面实现高度认同。在教学方法方面，教师要强调通过合作式、启发式、代入式教学，让学生能够切身体会思政元素，从中感受到计算机专业与中国特色社会主义事业建设与发展之间的必然联系；通过该专业所蕴藏的作用和价值让学生感受到自己未来所要肩负的责任和使命，进而形成对习近平新时代中国特色社会主义思想的认同。

（二）主题实践活动要引导计算机专业学生树立正确国家认同感和行业自信心

"理论联系实际"是高校计算机专业课程教学的一贯思想，而主题实践活动是专业选修课程的不可缺少的一部分。所以，在新工科背景下计算机专业课程思政深入贯彻"全课程"育人的理念过程中，要将主题实践活动作为一个重要的教学载体，引导学生正确树立国家认同感和行业自信心。

在教学形式方面，教师应将有主题实践活动作为教学组织形式，让学生积极参与专业实践活动，通过亲身经历感受行业发展对民族与社会进步所起到的作用，让学生从中体会自己未来职业发展的现实意义和价值。这是帮助学生树立行业自信心极为有效的途径之一。

在教学内容方面，教师应围绕"中国新兴战略"深化落实这一时代背景的要求，向学生布置具有挑战性和实操性的活动任务，让学生从中体会中国计算机领域发展所取得的各项突破都可以用"历尽艰辛"和"叹为观止"来形容，这是无数前辈和同人经过不懈努力而取得的，进而帮助学生树立正确国家认同感。

在教学方法方面，教师应以引导和启发为主，让学生通过不断探索、不断尝试、不断总结最终取得突破性的成果，帮助学生领悟究竟什么是工匠精神，让学生了解将其传承下去不仅能成就自己的未来，更能成就国家和民族的未来。

（三）深挖专业课程思政教学以实现社会主义核心价值观的充分融入

新工科背景下计算机专业课程思政教学"全课程"思想的深入贯彻落实，需要坚持不懈地努力，不断增强思政代入感，确保学生在专业发展道路上能够始终坚持自己的理想信念，树立正确的责任意识、法治意识、主人翁意识，让自身专业发展能够助力实现中华民族伟大复兴。社会主义核心价值观的充分融入是计算机专业课程思政教学"全课程"育人的重要使命，专业选修课程无疑包括在其中。社会主义核心价值观内容的全面融入是最为理想的选择，因为社会主义核心价值观是社会主义核心价值体系的精神内核，在国家、社会、个人三个层面对社会主义核心价值观进行了凝练，是实现中华民族伟大复兴的阶梯所在。计算机专业课程思政教学目标，无论是在学生个人层面，还是在社会与国家层面，都对素养、意识、观念提出了明确要求，因此将社会主义核心价值观的内容进行有效分解，并且在专业选修课程教学活动的各个环节中融入，不仅可以启发和引导学生领悟怎样才能成为真正意义上的"人"，还可以启发和引导学生怎样成为对社会、民族、国家有价值的人，在确保专业维度和思想价值维度开展的教学工作取得理想的教学成果的同时，"全课程"育人理念的贯彻与落实的效果也更加趋于理想化。

第四节　围绕课程思政教学目标确立教学内容体系

"教学内容"的实质是在师生互动过程中教学活动有意向学生传递的信息。教学内容的丰富性和指向性会影响课堂教学效果。教学内容是教师课堂教学准备阶段的一项重要工作，特别是在课程思政全面深化落实的大背景下，教学内容体系化构建成为学科专业课程教学实践路径不可缺少的组成部分。新工科背景下计算机专业课程思政教学实践也是如此，即围绕课程思政教学目标积极开发专业课程校本教材，如社会发展新形势的有效植入、课程思政小案例的充分引用显然是确立教学内容体系的理想之选。

一、积极开发计算机专业课程校本教材

教材是课程教学内容的主要来源，也是学生知识获取的重要源泉。因此，新工科背景下计算机专业课程教学实践活动全面开展要积极开发与之相适应的计算机专业课程校本教材，将其作为课程内容体系构建的核心环节，以确保课程内容不仅能向学生传递专业知识、增强学生专业技能、培养学生专业能力，更能指导学生思想、价值、道德观念的正确树立。

依托任务驱动和项目教学法的应用模式进行计算机专业课程校本教材的编写，如贯穿项目加一体化模式和双项目（双线）并行模式。其中，贯穿项目加一体化模式主要以阶段性任务、能力、知识相结合的方式进行教材编写，其优势是有一个根据课程思政和专业课程教学集体要求精心设计并贯穿全课程的项目，并且项目可以被分解成为若干个小任务，这些任务全部完成

则意味着全书整个大的实际项目顺利结束。在这一过程中，"教""学""做"三个要素紧密结合，课本知识和思政元素为完成项目任务提供服务，每个任务和项目完成之后都有相关知识、技能、思想与价值观念、道德素养层面的系统化总结。双项目（双线）并行模式主要以课内和课外两个项目为主，强调学习能力和实践能力的并行，让学生在完成每个项目的同时能够从中受到专业层面和思想价值层面的双重启发。其中，课内项目可以分为多个小任务，在课堂教学活动进行过程中，教师示范完成项目，而学生可通过模仿完成项目。课外项目则需要学生独立来完成，课外项目可作为对学生知识与技能、能力与素养培育效果的考核。在课内项目实施过程中，教师可增加思政小案例或小任务（探究中国人的银河精神等），在开阔学生视野和加强学生综合能力培养的同时，让学生在项目开发过程中有效培养工匠精神。

二、社会发展新形势的有效植入

"课程思政"作为一种协同育人理念，该理念的核心是"立德树人"，以全员化、全过程、全课程育人格局的构建为基本目标，各项课程教学活动始终与思想政治教育同向同行。不同时代背景下高校思想政治教育的基本任务各有不同，赋予课程思政教学的目标也有明确的指向性。在新工科院校计算机课程思政教学实践路径的构建过程中，教学内容体系构建应将社会发展新形势作为重要的植入内容，以确保计算机专业课程教学全过程能够发挥培养学生责任意识和家国情怀的作用。

例如，在《算法与数据结构》课程教学中，教师可以结合当今中国社会智能化发展的新形势，以"智能·赋能"课程教学为主题。在教学内容方面，既要联系计算基础与软件、算法基础与程序设计、数据管理与信息处理、开源软硬件与智能系统应用等专业领域知识，又要联系智慧交通、家国情怀、强国意识、工匠精神以及社会责任和安全意识等思政教育元素，让学生在学习专业课程相关知识的同时，也能够深切感受当今中国社会所面临的发展新形势，明确在中国当前社会发展新形势下自己应该具备怎样的情怀和意识，树立正确思想、价值、道德观念，同时让专业课程内容真正发挥其思想层面、价值层面、道德层面的引领作用。

三、课程思政小案例的充分引用

从课程思政的思维角度来分析，通过科学创新的方式，使思想政治教育目标在其他课程教学活动中得以实现，从而对学生思想意识和行为举止产生积极的影响。新工科背景下计算机专业课程思政教育内容体系应最大限度地丰富思政元素，将思政元素贯穿课程教学活动的各个细节，充分运用课程思政小案例构建教学内容体系。

例如，在用讲授法开展计算机专业课程教学活动时，教师可以结合多媒体演示法，将富含爱国主义教育、科技强国理念、科学家精神与品质的思想政治小案例呈现在学生面前，帮助学生了解和掌握课程所要学习的计算机组成原理、计算机前沿技术模块等专业知识，确保学生在专业知识面上得到有效扩展的同时，自身的思想意识、价值观念、道德素养方面也能够从中得以提升，始终保持为中国科技信息事业发展奋斗终身的热情。教师可以将中国第一台计算机、天河Ⅲ号超级计算机、"3000 公里如同咫尺、首例 5G 远程手术圆满成功"、电影《流浪地球 2》中的量子计算机 550W 研发等思政小案例作为载体选择对象，让学生从中既了解中国计算机发展历程和未来发展方向，又能让抽象的理论教学内容变得具象化，产生强烈的民族自豪感，使学生个人的理想信念、社会责任意识、家国情怀变得更加坚定。

第五节　利用线上教学平台推送课程思政资源

当今教育技术更新步伐不断加快，"互联网 + 教育"已经成为教育教学活动的主要模式之一。新工科背景下计算机专业课程思政教学应利用线上教学平台推送课程思政资源，如名人名事、国内外时事、身边小故事等，在教学平台上实现师生之间的广泛分享，提升该专业课程思政教学效果。

一、通过开发"线上"教学平台为推送课程思政资源打下坚实基础

"线上"教学平台在课程思政教学活动中的应用价值已经得到充分验证，其在新工科背景下计算机课程思政教学活动中的应用是一种大趋势，能够给

课程思政资源的有效推送带来极大帮助。但是，将其转化为现实需要一个完整的过程，其中，开发"线上"教学平台是第一环，能够为推送课程思政资源打下坚实基础，其具体实践操作如下。

（一）了解新工科背景下计算机专业课程思政教学现实情况

"线上"教学平台的构建与使用是对"线下"教学活动的一种重要补充，能够让教学活动更加便捷，助推教学活动产生更为理想的效果。在新工科背景下计算机课程思政教学活动中，开发"线上"教学平台，为学生有效推送课程思政资源，必须全面了解课程思政教学的实际情况，才能保障开发的"线上"教学平台得到有效使用。

在此期间，首先应明确新工科背景下计算机专业人才培养的总体目标，始终将思想政治坚定、德技并修、全面发展作为主要目标；然后对课程思政教学的总体情况进行客观评判，从中得出"线上"教学平台能否对学生专业发展以及思想价值全面提升起到积极推动作用。这是开发"线上"教学平台最为基础的一环，对推送课程思政资源产生直接影响。

（二）厘清新工科背景下计算机专业课程思政"线上"教学任务与授课安排

前文已经指出，"线上"教学平台是强化教学效果的教学形式补充。在开发"线上"教学平台的过程中，必须结合教学任务与授课安排，但并不是每一种"线上"教学平台都能满足学生"线上"学习的实际需要，有些"线上"教学平台不仅不能为教学工作带来帮助，甚至会抵消已经形成的"线下"教学效果。

因此，在新工科背景下计算机专业课程思政"线上"教学平台开发过程中，教师要注意课程思政教学的进度，针对每次教学活动的任务部署和授课过程中的具体细节进行分析，明确课程思政教学活动全过程对学生专业方面和思想价值方面培养所遵循的规律，进而分析课程思政教学的一般特点，并且以此为依据对"线上"教学平台进行有效开发，确保课程思政资源推送的科学性与合理性，而这正是有效推送课程思政资源极为重要的基础条件。

（三）明确新工科背景下计算机专业课程思政教学"线上"教学内容

众所周知，"线上"教学平台能够将课堂所学知识进行广泛延伸，不仅能够满足学生学习兴趣的需要，更能够助力学生知识和能力的全面发展。在开发计算机专业课程思政"线上"教学平台的过程中，教师要始终遵循"与课堂教学内容互补"的原则，高度明确"线上"教学活动的基本内容，充分体现"线上"教学平台的实用性，为学生推送课程思政资源。

"线上"教学内容包括两条主线：第一条主线是学生专业知识、专业技能、专业能力培养方面的内容，既有理论知识，又有技术应用原理；第二条主线是学生思想价值观念养成方面的内容，包括与之相关的微视频、声音材料、文字材料等。"线上"教学内容不仅具有显性教育功能，而且具有隐性教育意义，它为"线上"教学平台的开发指明了具体方向，为课程思政资源的推送提供了理想途径。

二、通过"线上"教学平台推广为推送课程思政资源提供理想路径

开发"线上"教学平台，就是要让教学活动拥有较为理想的载体，从而为学生提供更多的学习资源，最终达到给学生学习带来启发和影响的目的。其中，让学生接受是最为关键的一环，新工科背景下计算机专业课程思政"线上"教学平台的开发与应用也是如此。要想向学生有效推送课程思政资源，就必须先将已经开发的"线上"教学平台进行大范围推广，其具体操作如下。

（一）通过"线下"教学活动和学生分享"线上"教学平台的优势

在计算机专业课程思政日常教学活动中，教师应结合名人名事、国内外实事、身边小故事向学生传递专业知识、强化学生专业技能、引导学生正确树立思想价值观念；同时，教师应向学生明确这些真实而又生动的资源都来自网络平台分享，有效利用"线上"教学平台，既能从中获得更多的启发，也对未来发展产生一定的积极影响。

教师应将"线上"教学平台的优势，如学习资源获取的便捷性、能够对学习资源有效进行分类、学习资源存储空间较大等，分享给学生，在让学生广泛认可并接受"线上"教学平台的同时，也为课程思政资源的广泛推送打通理想渠道。

（二）通过"线下"教育活动让学生明确"线上"教学平台可选范围和功能特点

教师在通过"线下"教学活动让学生明确"线上"学习平台的优势的基础上，可以给学生推荐一些好的"线上"教学平台，以满足学生日常知识、技能、能力、素养全面发展的切实需要，如"思政课""学习强国""智学网""知识圈"等互联网终端设备小程序。

此外，教师要让学生明确选择范围内的"线上"教学平台所具有的功能特点，特别强调在学习资源推送功能方面所具有的独特性，让学生能够深刻意识到有关知识与技能方面的学习资源获取路径并非只有教材或相关教辅资料，还有"线上"学习资源共享这一理想路径可以选择。同时，教师在进行学习资源推送的过程中，也要对学生思想价值观念的正确树立起到积极的引导作用。

三、通过"线上"教学平台实现课程思政资源推送效果的最大化

开发和推广"线上"教学平台的最终目的是让其在实践中最大限度地呈现应用效果，充分体现其作用和价值。新工科背景下计算机专业课程思政"线上"教学平台的开发与推广的一个极为重要的目的是实现课程思政资源推送效果的最大化，让学生能够在"线上"自主学习过程中得到更多专业层面、思想层面、精神层面的启发。其具体操作主要由以下三方面构成。

（一）根据"线上"教学内容确定课程思政资源推送的类型

高校计算机专业作为国家新兴战略深化落实道路上人才培养的前沿阵地，其高质量人才培养直接关乎国家新兴产业的高质量发展和可持续发展。科技强国之路要求计算机人才培养在具备较强的专业素质的同时，更要有坚定的理想信念、家国情怀、远大抱负、民族使命感和社会责任感。通过课程

思政教学向学生实时、全面地推送课程思政资源，这是一项重要的教学任务。教师在向学生明确"线上"教学平台优势基础上，需要考虑哪些类型的课程思政资源能够对学生专业学习、思想、价值、道德观念培养起到积极的促进作用，并且能形成一个完整的课程思政资源体系。这一体系既包括与计算机专业密切相关的名人名事类课程资源，也包括国内外时事类课程思政资源和身边小故事类课程思政资源。例如，名人名事类课程思政资源能够帮助学生在计算机领域方面树立并坚定伟大的理想抱负；国内外时事类课程思政资源能够唤起学生推动祖国计算机事业又好又快发展的雄心斗志；身边小故事类课程思政资源能够帮助学生感受到身边从业人员在工作岗位上的工匠精神；等等。这些课程思政资源显然都是学生在专业成长和未来发展道路上所必需的思想动力和精神动力。

（二）结合"线上"教学应用效果完善并优化课程思政资源内容

在理想的教学活动中，教学资源所发挥的作用不容忽视，但也有一个极为重要的前提条件，即教学资源具备极高的科学性与合理性。也就是说，并非一切教学资源都会对教学活动产生积极且重要的影响。在新工科背景下计算机专业课程思政教学活动中，教师通过"线上"教学平台向学生推送课程思政资源时，应对其适用性进行有效验证，需要结合"线上"教学应用效果完善并优化课程思政资源内容，确保课程思政资源推送效果最大化，能够对学生专业维度和思想价值维度的学习产生积极影响。

例如，教师通过"线上"教学平台向学生推送有关中国计算机发展所取得辉煌成就的相关学习资源后，学生并不能对中国在该领域所取得的伟大成就产生共鸣，这时教师就要在学习资源的具体内容上做出相应调整，让学生意识到中国计算机领域的发展经历了"从无到有"和"从有到精"的过程，每个阶段所取得的辉煌成就都值得国人骄傲和世界赞叹。教师再向学生推送以《银河》为代表的中国巨型计算机研制史，在内容的末尾处加上教师自身的感悟，激发学生为中国未来计算机领域不断取得新突破而努力的斗志，燃起学生的民族自豪感，使学生从中深刻体会到自己在未来职业发展道路中的价值，以及所肩负的民族责任和使命，进而对学生思想价值观念、理想信念、职业素养的形成产生积极影响。

（三）有效开展阶段性"线上"课程思政资源推送效果评价

在通过"线上"教学平台不间断为学生推送课程思政资源的过程中，其资源类型的补充，以及资源内容的完善和优化则取决于学生实际的学习情况，教师需要针对课程思政资源推送效果进行阶段性评价（全过程评价）。阶段性评价包括近期、中期、中长期三个部分。阶段性评价的内容分别如下。

课程思政资源推送效果近期评价的内容应包括两方面：一是学生能否从中受到启发，正确树立并坚定自己远大理想抱负；二是学生能否从中领悟到自己所肩负的责任与义务重大，并唤起对专业学习的满腔热情。这是激发学生专业领域学习积极性与主动性的重要条件，也是及时、有效地进行课程思政资源内容优化和调整的重要依据。

课程思政资源推送效果中期评价的内容应包括两方面：一是学生社会责任感和民族使命感是否逐渐形成，学生能否深刻体会自身在祖国计算机事业发展中所具有的价值；二是学生是否正确树立理想信念和产生家国情怀，以及投身祖国计算机事业的伟大志向。这是从国家与社会层面来评价思政课程资源是否对学生专业层面和思想价值观念起到重要引领作用，其目的在于为学生专业成长和职业发展注入强大的思想动力和精神动力。

课程思政资源推送效果中长期评价的内容集中体现在学生工匠精神的培养方面，其目的是通过一些小的课程思政案例，让学生感受到伟大的成就来自平时一点一滴的付出。工匠精神不仅是将专业知识和专业技能的细节做精，更是一种难能可贵的思想品质和精神品质。这一评价结果对学生专业成长与职业发展产生重要影响作用，可作为资源结构有效调整的重要依据。

第六节　打造多主体和多形式授课的课程思政
教学全过程

在全面加快新工科建设步伐的过程中，深入开展课程思政教学活动无疑是工作重点之一，其作用效果必然通过教学全过程来体现。因此，要想确保新工科背景下计算机专业课程思政教学取得理想化效果，就必须着眼于教学全过程，而教学主体和授课形式的多样化无疑能够为其提供重要保证，它在实践活动中的具体实施路径如下。

一、秉承"引进来"和"走出去"的课程思政教学思想

为了更好地应对新一轮科技变革和产业变革，早在 2017 年教育部就已经全面开展推进"新工科"建设工作，其最终目标是将中国建设成为高等教育强国。在此期间，使相关专业的学生在专业知识、专业技能、专业能力、职业素养、家国情怀、社会责任等方面得到全员化、全过程、全方位培养成为一项重要任务，课程思政教学活动的全面落实就成为其中关键一环。新工科背景下计算机专业课程思政教学应保持授课主体的多元化，这是有利前提条件之一，而在实践中将其转化为现实，自然需要始终秉承"引进来"和"走出去"的课程思政教学思想，其具体实践操作包括以下三方面。

（一）聘请企业高管进入校园并与专业教师同时开展专业教学活动

新工科背景下计算机专业人才培养的宗旨极为明确，即为了有效应对新一轮科技革命和产业革命所提出的严峻挑战，让高质量人才更好地服务于区域经济发展和产业转型。在此期间，计算机专业人才培养应将专业发展、大局观念、全局意识三方面作为重中之重。

企业作为区域经济发展和产业转型升级的主体，不仅在人才需求上有着明确的方向，而且在可持续发展方面有着深刻体会。前者指向专业发展层面，后者指向思想价值观念层面。在新工科背景下计算机专业课程思政教学活动的开展过程中，高校要与国内知名企业广泛建立合作关系，聘请企业高管进入校园，与课程思政教师共同开展专业教学活动，通过企业用人标准和企业文化诠释出学生在专业层面应该达到怎样的高度，未来的发展之路应该秉承怎样的理想与信念，这样不仅能提升计算机专业课程思政教学活动的专业教育水平，而且能够加强对学生思想、价值、道德观念的引领，达到全面提高学生职业素养的目的。

（二）鼓励专业课程教师和学生深入企业了解行业用人的各维度要求

就当今时代发展大环境而言，为了应对新一轮科技变革和产业变革所提出的严峻挑战，国家大力推进新工科建设。高校计算机人才培养之路面临着更为严峻的挑战。其中的挑战不仅来自学生专业水平的全面提升，更来自学生思想层面和精神层面的认知水平全面提升。

在此时代背景和社会环境之下，计算机专业课程教师队伍不仅要全面而又深入地了解当今行业发展对人才提出的专业层面的具体标准和要求，更要掌握对人才提出的思想层面和精神层面的新标准及具体要求。其中，鼓励专业课程教师和学生深入企业一线，通过与一线员工的交谈来具体了解行业用人的各维度要求，并且从中解读行业内部提出上述各维度要求的目的，以及在履行过程中应该保持怎样的思想观念和精神状态，从而使学生在专业层面和思想价值层面得到同步发展。新工科背景下计算机专业课程思政教学活动的授课形式由校内逐渐延伸至校外，授课的主体呈现出多样化特征。

（三）倡导企业高管全程参与计算机专业课程思政教学评价活动

教学评价是教学过程至关重要的组成部分，是有针对性进行教学改革的直接依据。因此，在打造计算机专业多主体课程思政教学全过程中，应将企业高管全程参与计算机专业课程思政教学评价活动放在重要位置，其具体操作应由以下三方面构成。

1.参与课程思政教学评价目标的制定

在计算机专业课程思政评价工作的全面开展过程中，首要工作是确立评价目标，其作用和意义是为课程思政教学目标的履行情况提供信息反馈，帮助教师在课程思政教学活动实施过程中及时地完善和调整教学目标。其中，课程思政教学评价目标包括计算机专业层面和思想价值层面。企业在探寻高质量发展道路时对学生这两方面有着极高的话语权，课程思政教学评价目标的制定需要听取和采纳企业高管的建议，既确保该专业课程思政教学目标与企业用人标准及行业发展的人才需求方向保持高度一致，又确保计算机专业课程思政教学能够成为服务国家经济与社会发展的理想载体。

2.参与课程思政教学评价方法的实施

计算机专业课程思政教学评价工作的顺利进行需要科学的评价方法作为支撑，特别是对学生思想价值层面的评价。企业在表达思想价值层面有关评价指标的内涵时，要做到清晰化和简洁化，这将有助于该专业课程思政教学评价方法的顺利实施。另外，还要倡导企业高管积极参与课程思政教学评价方法的实施，为教学评价过程的顺利进行，以及评价结果的准确得出提供有力保障。

3.参与设定课程思政教学评价指标

在全面开展课程思政教学评价工作的过程中，对学生爱岗敬业精神、履行社会责任和义务的意识等方面的培养，既关乎学生的未来发展，又关乎企业的未来发展，更关乎社会的未来发展。在新工科背景下计算机专业课程思政教学评价工作的开展过程中，对学生思想价值观念的评价的作用和意义丝毫不亚于对专业知识、专业技能、专业能力、专业素养的评价，这两方面都是企业高管重点关注的对象。因此，高校应与有关行政主管部门共同制定该专业课程思政教学评价指标，以确保课程思政教学过程与结果的客观呈现。此外，评价结果在课程思政教学改革与创新过程中也可以作为客观依据。

二、积极开创多种授课形式的课程思政教学活动

在明确"引进来"和"走出去"授课思想，让更多施教主体参与计算机专业课程思政教学全过程的基础上，随之而来的就是为施教主体和广大学生打造出更多的授课平台，让学生在专业层面和思想价值层面能够受到更为全面和更为直接的启发，让教学活动的作用和价值能够得到充分体现。其间，以下三种授课形式应被视为明智之选，与之相对应的实践操作如下。

（一）专题讲座

课程思政教学的最终目的是让学生在校学习期间，思想价值观念得到全面塑造，并成为一个有知识、有理想、有道德、有大局观的高质量人才。其中，"摆事实""讲道理"是课程思政教学活动的重要组成部分。传统意义上的"摆"与"讲"过于枯燥。因此，在课程思政教学活动的授课形式上要体现出多样性和趣味性，这样才能确保课程思政教学的授课效果更加趋于理想化。

"专题讲座"虽然在学生计算机专业技能培训工作中经常出现，但它并非日常教学活动的主要授课形式，若将其作为该专业课程思政教学日常授课的主要形式，必然会让学生产生不一样的学习体验。其间，将"智能制造、大国发展的新引擎""关键网络设备的国产化、中国科技创新发展的坚实盾牌""超级计算机、中华民族的脊梁"等作为授课的专题，并聘请企业一线工作经验极为丰富的员工作为主讲人，将自己在专业领域发展道路中的经历和情怀和学生分享，充分调动学生拓展专业知识、深化专业技能、夯实专业能力、为祖国科技创新事业发展奋斗终身的积极性，并能将其永久地保持下去，使学生的家国情怀、民族使命感、社会责任感得到强有力的熏陶。

（二）茶话会

从教学效果的角度出发，课程思政教学全过程保证其效果的理想化应在教学方式上体现出"晓之以理"和"动之以情"两个特色。其间，"茶话会"成为计算机专业课程思政教学的又一理想方式。在实践中，"茶话会"的具体操作应从以下三方面入手。

1.明确"茶话会"的主题与时间

在计算机专业课程思政教学活动中，该授课形式与以往"线上""线下"授课方式的明显不同之处在于气氛较为轻松，不需要学生做过多的笔记，只需将自身最真实的想法表达出来并且与他人交换观点即可。所以，该授课形式的计算机专业课程思政教学活动必须有明确的主题，同时在授课时间安排上具有高度的合理性。在这里，建议广大教师根据专业课教学进度，每星期可组织一次关于"以专业发展促进学生家国情怀和责任意识培养"的主题茶话会。

2.确定"茶话会"的参与主体与目的

在该授课形式全面落实之前，要向合作企业有关领导和一线工作人员发出邀请，与专业课导师及学生用茶话会的形式进行交流与探讨，其目的是让学生明确当前中国科技创新发展的大形势，以及该专业所覆盖的行业在新形势下具体承担哪些责任和义务，在企业实践中制定了哪些发展战略，学生在专业知识、专业技能、专业能力方面应该达到怎样的水平，具备怎样的责任和意识，以及秉承怎样的职业发展理念和精神，以此，对学生专业层面和思想价值观念层面形成正确引导。

3.确定"茶话会"交流的内容和方式

计算机专业课程思政教学活动开展的"茶话会"应该包括四方面内容：第一，教师、企业有关人员、学生对当前乃至未来新兴产业相关行业发展趋势提出各自的见解；第二，交流、探讨、总结当前乃至未来新兴产业相关行业发展趋势形成的原因；第三，明确面对当前乃至未来新兴产业相关行业和个人所要面对的挑战；第四，学生自身应该具备怎样的知识与素养。"茶话会"主要围绕上述内容进行广泛的交流与讨论。通过"茶话会"，学生深刻意识到自己不仅要具备坚实的专业基础知识、过硬的专业技能、全面的专业能力，而且要具备强烈的家国情怀、责任感、使命感（这是关键中的关键），从而为其专业领域、理想信念、价值观念、道德情怀、工匠精神等方面的强化提供强大动力，获得较高的职业素养。

（三）专业素养主题竞赛

在新工科背景下计算机专业课程思政教学活动中，学生所掌握的专业知识、专业技能及所具备的专业能力都需要通过实践操作体现其价值。对此，组织开展以专业素养为主题的各种竞赛活动不仅有利于对学生实践能力的检验和提升，更有利于对学生思想价值观念的正确塑造。专业素养主题竞赛实践操作的具体流程如下：

（1）确定竞赛主题。例如，"让知识和技能变得趣味横生，把人与社会结合起来"等。

（2）确定竞赛目的与意义。虽然知识和技能可以改变人的命运，但是枯燥的学习过程会让学习变得毫无动力，通过更有趣味的学习方式能够促使学生了解更多知识与技能的应用方法，同时在学习中获得更多的感悟。

（3）确定竞赛组织者与参与者。计算机专业教师是竞赛组织者，学生和企业有关人员是竞赛参与者。

（4）确定竞赛流程。①组织者在竞赛活动前两天明确竞赛项目，并在企业员工中选定主持人和评委人员；②在竞赛活动开始前高度明确竞赛项目实施过程中的监督要求和评价标准；③根据竞赛结果，由教师和企业员工提供具体的指导。

第七节　通过全过程激励和多元评价促进教学的持续改进与创新

在学校日常工作中，确保教学工作高质量开展是核心所在，其中持续改进与创新是根本所在，但在实践中切实将其转化为现实却并非易事，需要完善的动力条件和保障条件予以支撑。在此期间，全过程激励和多元评价是必然之选。新工科背景下计算机专业课程思政教学如何构建出实操性极强的全过程激励机制，以及多元化课程思政教学评价体系成为关注的焦点。本节将以此为内容对其进行系统论述，具体如下。

一、全过程激励机制的构建

持续"改进"与"创新"作为教学工作高质量发展的两个必要条件，其过程漫长，任务艰巨，不仅需要广大教师有顽强的意志力和强大的动力，还需要外部刺激，而激励机制可为广大教师提供有效的外部刺激，帮助教师在教学工作的持续"改进"与"创新"中，始终具备顽强的意志力和强大的动力。因此，全过程激励机制是新工科背景下计算机专业课程思政教学实现持续改进与创新的必要条件。

（一）始终坚持"以人为本"的构建理念

激励机制运行的最终目的是调动个体达成预期目标的积极性和主动性，确保团体或组织在未来始终保持强劲的发展势头。正因如此，激励机制构建与运行的全过程应以激励对象为主体，坚持激励制度"以人为本"的理念。在新工科背景下计算机专业课程思政教学持续改进与创新过程中，全过程激励机制的构建与运行要将这一理念始终贯彻落实下去。

激励是一种引导、教育、管理的教学活动，制定各项激励措施必须对激励因素进行全面而又深入的分析，让激励机制各项内容转化成为广大计算机专业教师日常工作的思想和自觉行为，对课程思政教学各项工作高质量开展起到外在和内在刺激作用，实现计算机专业课程思政教学的持续改进与创新。

（二）严格遵守激励的"公平性"原则

"公平性"原则是激励机制有条不紊运行，并实现激励效果最大化的根本前提。新工科背景下构建和运行计算机专业课程思政教学激励机制应将激励的"公平性"作为一项基本原则并严格遵守。其在实践操作中的具体表现应包括以下三方面。

1.岗位职责要做到高度明确

激励机制在团体或组织内部的有效运行过程中，"公平性"主要体现为教师能够根据各工作岗位的性质，根据所要履行的职责为之提供相对应的激励，让学生个体获得激励的机会平等、力度相同，在此运行状态之下的激励机制运行效果才会趋于理想化。新工科背景下计算机专业课程思政教学持续改进与创新过程中，全过程激励机制的构建与运行做到始终遵循"公平性"原则的前提条件是高度明确教师岗位职责，同时，通过定性和定量两种方式详细说明激励标准，确保工作在每个岗位的教师都能平等享有激励机会和相同的激励力度。

2.由激励监督机构对激励过程的合理性予以监督

在激励机制运行过程中，"公平性"原则在实践中能否得到深化落实往往不能单纯地通过领导层或员工层评价结果来认定，这样的认定结果显然过于主观和片面，要有固定的监督机构对其激励机制运行全过程进行全方位的监督，以此确保激励过程与效果的客观呈现，促进激励机制的科学改进与优化，保证激励机制运行作用效果始终最大化。新工科背景下计算机专业课程思政教学激励机制运行监督机构人员构成不仅包括该专业负责人，还包括学校思想政治教育有关负责人、专业教师、合作企业主管领导。

3.在教师队伍内部营造理想的文化氛围

文化氛围能够体现组织或团体内部所推崇的传统、习惯、行为方式等方面的精神格调，其不仅具有极强的感染力，还具有升华组织或团体内部个体思想和自觉意愿的作用。激励机制的全面运行过程显然要让人们对"公平性"产生高度认同感，因此要在组织和团体内部营造一种良好的文化氛围，让个体始终为保持这种公平性自觉付出就显得极为必要。新工科背景下计算机专业课程思政教学激励机制构建与运行始终严格遵循"公平性"原则，其中在教师队伍内部营造理想的文化氛围要从打造制度文化、物质文化、精神文化三个维度入手。

（三）采用物质激励与精神激励相结合的方法

激励方法是让激励机制潜在作用得以最大限度发挥的途径。在新工科背景下计算机专业课程思政教学改革与创新发展过程中，全过程激励机制的构建与运行应以合理运用激励方法为关键，强调物质激励和精神激励相结合，通过各种激励方式，给广大计算机专业课程教师积极投身专业领域教学活动和学生思想价值观念引领活动带来强大的驱动力。

1. 物质层面激励的主要方式

物质激励是最传统、最直接、最有效的一种激励方式，也是人们普遍能接受的一种激励方式。教师是为祖国教育事业发展辛勤工作的"园丁"，特别是在新工科背景下，专业课教师更是学生人生发展道路中的领读人和"灵魂工程师"，因此要在日常工作中给予教师更多的前进动力。新工科背景下的计算机课程思政教学工作的全面开展应结合教师的日常课程思政教学工作的具体表现，以及日常课程思政教学工作所取得的成果，按照激励制度提高教师薪酬和福利待遇，从而通过提供物质层面的激励，为教师积极探索课程思政教学内容、方法、考核方式注入前进动力，确保计算机课程思政教学活动无论是在教师"教"的维度，还是在学生"学"的维度都能呈现出良好的过程与结果。

2. 精神层面激励的主要方式

精神奖励是指在精神层面为教师提供无形的激励，让广大教师能够感受到自己的付出得到高度认可，并且能够深刻意识到自己所做的一切对促进学生未来发展有着重要意义和价值。其中，精神奖励包括荣誉激励、成就激励、竞争激励、培训进修激励、关怀激励等。精神奖励能够为激励对象提供强有力的精神驱动力，与物质激励结合运用能够让教师在精神层面获得极为强烈的满足感。新工科背景下计算机专业课程教学需要履行课程思政所赋予的新责任和新使命，教师在高质量完成专业课程教学任务的同时，还要坚定不移地完成让学生树立正确的思想价值观念这一重要任务。因此，在日常课程思政教学工作中，既要为广大教师提供物质层面的激励，也要在精神层面为其提供驱动力。精神激励方式与物质激励方式有效搭配使用能对广大专业教师积极投身思想价值观念引导发挥积极的促进作用。

二、多元化的课程思政教学评价体系构建路径

新工科背景下计算机专业课程思政教学实现全过程、全员化、全方位开展显然要有强有力的保障条件为之提供支撑，即全面开展教学评价工作，能够为促进教学的持续创新提供有力依据。其中，构建多元化的课程思政教学评价体系是重中之重，具体实践操作的过程也极为系统，其具体操作步骤包括以下四个方面。

（一）课程思政教学评价目标的确立

教学评价目标的作用在于能够为教学目标制定提供理想标尺。在全面开展教学评价工作的过程中，评价目标的科学确立能够为教学目标的有效调整及时提供信息反馈，这也是课程评价体系构建过程将其置于首要位置的主要原因。新工科背景下计算机专业课程思政教学评价体系的构建与创新发展显然也应将其作为首要突破口。

1.客观反映学生"专业水平的提升"和"思想价值的塑造"情况

从计算机专业课程思政教学的基本任务角度出发，专业知识的教与学，以及思想政治教育工作的有效渗透是任务重点所在。新工科背景下计算机课程思政教学的主要任务是将专业知识和相关技能传递给学生，并帮助学生充分理解和掌握，让学生从中感受在当今时代大环境和大背景之下，自己肩上所承担的使命和任务，意识到学习专业知识和掌握专业技能的重要性，使学生的专业水平和思想价值观念因此形成，各项教学活动所展现的成果更加趋于理想化。由此可见，客观反映学生"专业水平的提升"和"思想价值的塑造"是该专业课程思政教学评价目标的必然选择，其评价结果显然能够引领课程思政教学目标优化与调整的方向。

2.科学呈现专业课程单元内容和教学组织的理想程度

从课程思政教学评价的最终目的这一视角分析，科学呈现专业课程单元内容和教学组织的理想程度就是要将课程思政教学整体质量客观而又准确地呈现出来。影响课程思政教学整体质量的因素有很多，其中，教学内容和教学组织形式至关重要。新工科背景下计算机专业课程思政教学活动也不例外，计算机专业课程教学评价工作要达到切实反映课程思政教学整体质量的

目的，就要聚焦专业课程单元内容和教学组织的理想程度，将其客观呈现出来，这样评价结果所反映出的现实情况有助于教师有效优化课程单元教学目标、教学内容、教学方法。

（二）课程思政教学评价原则与标准的制定

全面开展课程思政教学评价工作的意义在于全面提升教学质量，确保课程思政教学活动能够成为高质量人才培养的重要载体，因此，必须从发展的角度开展课程思政教学评价工作。在此期间，评价原则和评价标准要以此为立足点。新工科背景下计算机专业课程思政教学评价工作的深化落实也是如此，其创新性会因其得到体现。

1.课程思政教学评价原则

所谓"原则"，是指行事所依据的准则，是达到最终目的所必须具备的基本前提条件，新工科背景下的计算机专业课程思政教学评价工作必须有理想的评价原则作为基本前提条件，具体评价原则包括如下。

（1）性质评价原则

从课程思政的性质层面分析，其教育形式具有隐性化的特点，但与其他隐性教育还有一定的不同，具体表现为能够对教育对象的价值观念、情感表达、精神提升提供重要引领作用，而这些方面的教学效果往往很难用指标量化。所以，教师在进行课程思政有关教学活动的评价过程中，除了选择可进行良好评价的指标进行教学评价之外，还要注重性质评价这一方法，进而客观呈现对学生思想和价值的引领作用。在新工科背景下计算机专业课程思政教学评价过程中，教师可通过观察和记录的方式将课程思政教学成果保留下来，作为教学评价工作开展的依据。然而，一味地注重性质评价也不科学，因为指标容易受到主观因素的影响，使评价结果的信度和效度很难得到保证，所以要与量化指标合理搭配使用。

（2）多元评价原则

从当今教育技术发展大环境的角度出发，伴随互联网信息技术的迅猛发展，教育技术的革新步伐在不断加快，各种新媒体平台在高校专业课程教学中的应用日趋广泛，促进了当今高校教学模式的多元化发展。例如，教师可以在课堂上向学生传递课程内容，也可以通过新媒体平台在课余时间向学生传递有关知识，实现"线下"教学与"线上"教学活动相结合。这样不仅有助于拓展教师的授课思路，还有助于学生在无形中接受更多的新知识，更有助于隐性教育活动的全面开展。该教学模式在新工科背景下计算机专业思政课程教学活动中同样适用。因此，教学评价体系的构建要与之保持高度同步，呈现多元化的特征。具体来讲，采用"线上"与"线下"教学活动相结合的模式时，可通过具体的教学项目进行专题讨论，鼓励学生阐明自己所在小组探究出的研究成果，并通过组内自评、组间互评、教师总评的方式，对学生的协作能力、综合表达、认知观念、责任意识等进行评价。

（3）发展评价原则

课程思政全面深化落实的最终目的是将育人工作提升到新的高度，在评判课程思政的效果过程中，将人才培养效果作为最为重要的评价标准。但是，高质量人才培养的全过程是一项系统工程，在各个阶段都需要"教"与"学"之间相互作用和相互影响，这样才能使学生的思想和精神得以重塑，并最终在专业发展道路上成就自我。在这一过程中，教师与学生都得到了更多成长与发展的机会，随着时间的推移，学生阅历和经验也得到不断增加，而教师自身的知识储备不断提升，教学能力、教学方法也会在无形中不断得到改进。新工科背景下计算机专业课程思政教学评价指标的设置，不仅要从学生的发展性出发，还要结合教师的发展性，评价指标应充分彰显出课程教学目标设置、课程教学方法选择、课程实施过程构建等方面所蕴含的课程思政内涵。所以，新工科背景下计算机专业课程思政教学评价应高度重视教师开展课程思政教学活动的效果评价，使评价结果成为教师在教学活动中不断突破自我和始终保持创新发展的动力条件。

2.课程思政教学评价标准

从课程思政教学的功能性角度出发，教学活动作为思政教育的一种方式，始终以"立德树人"理念的贯彻落实为根本任务，将思政教育目标贯穿于各学科课程教学活动的全过程之中，其具有极强的隐性教育功能。新工科背景下计算机专业课程思政教学活动应充分体现这一隐性教育功能，对其教学质量的评价必须保持高度客观，建立一套完整的评价标准无疑是必不可少的条件，具体如下。

（1）具备高度明确的教学目标

众所周知，新工科背景下计算机专业全面深化落实课程思政教育思想，但让思想政治教育目标在专业课程教学中始终得到高度贯彻与落实并非易事，需要广大教师在课前准备阶段紧紧围绕课堂教学内容，明确课程思政的具体目标，确保每个目标都能融入具体的知识点教学活动，让课堂教学活动始终有思想政治元素相伴，这是专业课程总体目标得以实现的必要前提条件。因此，新工科背景下计算机专业课程思政教学评价应将"具备高度明确的教学目标"作为最基本的教学评价标准。

（2）具备高度合理的教学内容

在高校专业课程的每一次教学活动中，教学效果的影响因素既包括教学目标是否明确、教学方法是否实用、教学评价是否及时到位，也包括教学内容是否合理。合理的教学内容有序运行教学方案的各个环节、精心选择的教学方法是教学活动目标达成甚至远远超过预期目标的前提。新工科背景下的计算机专业课程思政教学活动的全面开展也不例外，在构建全过程且多元化的课程评价体系过程中，应将"具备高度合理的教学内容"作为评价标准的重要组成部分。

（3）具有高度灵活的教学方法

就专业而言，不同的专业具有不同的特点，其专业知识与思政元素相结合的视角和方法也存在明显不同，因此教师要采用科学的教学方法将知识传递给学生，而理想的教学方法正是课程思政教学通往成功彼岸的桥梁。教学方法既要保证专业教学活动的有序进行，也要确保思政元素能够顺利融入专业教学活动中；教学方法不仅要具有多样性，还要具有可灵活使用的特点，只有这样，课程思政教学效果才能得到充分保证。在新工科背景下计算机专业教学评价体系构建与运行过程中，"具有高度灵活的教学方法"应作为一项重要的评价标准。

（4）具有真切的教学情境

新工科背景下计算机专业课程教学的环境具有多样性特征，不同的教学环境会给学生内心带来不同的影响，学生学习效果也会呈现出差异性。例如，在实训室的学习效果往往比在课堂上的学习效果要好。在全面开展计算机专业课程思政教学活动时，教师要根据不同教学场所构建真实的教学情境，确保专业知识和课程思政教学效果达到理想化。因此，新工科背景下计算机专业课程思政教学评价应将"具有真切的教学情境"作为基本的评价标准之一。

（5）具有多维度的教学考核过程

新工科背景下全面推进课程思政建设的最终目的是让当代大学生具备高度完善的专业知识与技能、专业能力与素养，同时在思想意识、价值观念、道德素养方面得到全面发展，最终在专业领域真正成为高质量人才。新工科背景下计算机专业课程思政教学活动必须将全面覆盖专业知识、专业技能、思想意识、价值观念、道德素养的考核过程贯穿其中，让隐性教育功能在教学全过程得以呈现。因此，新工科背景下计算机专业课程思政教学评价体系构建应将"具有多维度的教学考核过程"作为评价标准的重要组成部分。

（三）课程思政教学评价方法的科学选择

评价方法影响评价过程合理性和评价结果准确性。在新工科背景下计算机专业课程思政教学评价体系的持续改进与创新过程中，必须将评价方法的科学选择视为一项重要工作。结合计算机专业课程思政教学的目的与特点，最科学的教学评价方法有以下几种。

1.调查实证法

调查实证法是重视实施过程的一种方法，是落实高校课程思政教学评价工作过程中教学评价方法的基本选择。新工科背景下计算机专业课程思政教学评价工作的全面开展也是如此。调查实证法的特点较为明显，即评价过程注重实施过程所产生结果的真实性、可靠性、综合性。调查实证法在具体操作过程中，以实施全过程为评价对象，通过选用定量分析法和深入研究的概念，从拟定的多种理论视角开展评价。例如，在新工科背景下计算机专业课程思政教学评价中，调查实证法的应用需要将学生参与课堂学习的情况，以及考试结果作为实证资料收集的对象，对学生"学"的情况做出客观评价，最终对学生对专业课程教学效果的评价进行分析，从而为教师革新计算机专业课程思政教学方案提供重要依据。

2.系统评价法

系统评价法是全面考虑关联性，进行多维度评价的一种方法。系统评价法的特点在于评价过程始终以科学性为中心，能够对各个维度的实施效果形成客观反映。在新工科背景下计算机专业课程思政教学评价工作全面开展过程中，要将系统评价法作为主要选择之一。具体而言，系统评价法的使用过程更加注重课程思政教学活动的程序性，将各个环节作为基本出发点，将课程教学计划、教学实施过程、教学设备情况分别作为具体的评价项目，最后通过系统设计将多个维度的评价因素进行有机结合，以确保评价结果的客观性与准确性。

3.问卷调查法

问卷调查法是教学评价工作基本的方法之一，其特点是将学生实际基础作为重点关注对象，让学生将学习过程中的感受和真实反映充分表达出来，然后从学生"学"的角度对教学质量予以客观评价。在新工科背景下计算机专业课程思政教学评价过程中，问卷调查法的具体运用需要设计与之相关的学生调查问卷，让学生将对课程教学的满意程度、学习时状态、学习过程的意义等以最直接的方式表达出来，专业教师从中了解学生实际学习的真实效果，了解学生思想层面和精神层面所受启发的具体程度，从而为有效改进和完善课程教学方案提供客观依据，为全面提高课程思政教学整体质量注入强大的推动力。

（四）课程思政教学评价指标体系的完善

通过以上观点阐述，我们可以看出新工科背景下计算机专业课程思政教学评价体系构建是一项系统工程，而上述工作的全面落实的最终目的是让教学评价效果更加趋于理想化。在此期间，建立一整套完善度极高的课程思政教学评价指标体系成为接下来的工作重点，下文将针对其完善过程进行系统性阐述。

1.完善评价指标体系的基本原则

为了确保新工科背景下计算机专业课程思政教学工作的全面开展，并最终呈现较为理想的教学效果，全面开展科学、合理、客观、准确的教学评价工作无疑是关键一环。其中，有效完善该学科课程思政教学评价指标体系是关键中的关键。在这一过程中，为使评价指标体系的完善效果更趋于理想化，应遵循以下原则。

（1）整体性原则

整体性原则强调新工科背景下计算机专业课程思政教育的全过程是一个整体，在评价指标选择过程中，能够体现出指标的完备性和全面性，最终所形成的评价指标体系能够与新工科背景下计算机专业课程思政教学目标要求保持一致，让课程思政教学的目标理念、教学资源、学生参与效果都有可测指标。另外，评价指标的选择还应满足评价主体多元化的需要，适用于计算机专业学生、教师、有关专家等。

（2）可操作性原则

可操作性原则是新工科背景下计算机专业课程思政教学评价指标选择的根本，其具体表现是，指标体系必须能够对指标进行最清晰、最简洁的描述，让该专业课程思政教学评价目标更加具象化，并将评价的具体内容转化为可以进行评价的相关指标。需要注意，评价指标可通过所选择的评价方法实现量化或非量化处理，达到所选评价指标可以被评价主体所接受这一最终目的。

（3）发展性原则

新工科背景下计算机专业课程思政教学评价指标体系构建的最终目的是通过教学评价全面了解教学活动的具体情况，并且以此为依据做出有针对性的优化与改进，实现该专业课程思政教学质量和学生学习效率的全面提升。所以，在进行该专业课程思政教学评价指标体系完善的过程中，课程思政教学必须遵循发展性原则，突出评价指标本身所具有的前瞻性，让评价指标能够在该学科课程思政教学发展过程中发挥引领作用。

2.完善评价指标条目的基本方案

在新工科背景下计算机专业课程思政教学评价指标体系全面优化的过程中，为体现评价指标的专业性、权威性、全面性必须有专业且权威的人士作为强力支撑，确保评价指标条目设置始终保持高度合理、语言表达高度清晰和准确、各级指标的重要程度客观呈现。其中，德尔菲法是必然选择，完善评价指标条目的基本方案如下。

（1）科学选择函询专家

新工科背景下全面完善计算机专业课程思政教学评价指标体系必须确保指标具有专业的代表性和权威性，因此专家函询工作必不可少。函询专家的选择必须具有明确的标准，主要有以下四点要求：

①必须工作在高等教育第一线，工作岗位与计算机专业高度相关，具备15年以上专业教学经验和10年以上思想政治教育工作经验。

②学历必须为研究生及以上。

③职称必须在中级或以上水平。

④本人必须知情并同意参与评价指标体系的完善工作，并且熟知该项工作的主要内容和保证全程配合各项工作开展。

在这里，建立函询专家人数不少于15人，也不能多于50人，最理想的状态为20人。

（2）科学制定函询问卷

在函询问卷的制定过程中，函询问卷内容应涵盖以下三个部分：

①致专家信部分，主要明确阐述构建评价指标的目的，以及函询的主要内容和具体填写要求。

②问卷的正文部分，主要包括征询指标的重要程度、专家意见、相关建议。在确定征询指标的重要程度过程中，要通过Likert5级评分法（李克特5级评分法）予以判定，级别要从"不重要"直至"很重要"，每一级赋值1分，最高级（第五级）赋值5分。另外，还包括"修改意见""需增加条目""其他有关建议"三个专栏。

③专家的基本情况部分，主要包括函询专家所处的专业领域、从事该领域工作的年限、最高职称、学历水平、年龄以及对函询内容的了解情况和判断的具体依据等。

（3）有效进行函询问卷的发放与回收

在进行有效完善该专业课程思政教学评价指标条目的过程中，科学制定和选择函询专家与函询问卷是两项极为重要的前期准备工作。其中，函询问卷的有效发放与回收则是最终的成果体现。每一轮函询工作都要确保在十个工作日内完成。第一轮函询工作的主要任务是结合专业反馈的具体意见，明确各级评价指标和内涵。在完成第一轮函询问卷的回收工作之后，要将其结果进行全面的统计、分析、结论汇总，并结合新工科背景下计算机专业课程思政教学的实际情况，将选定的评价指标条目进行合理的修改、整合、补充、删除，进而形成第二轮专家函询问卷的具体内容。第二轮专家函询依然要将整理好的评价指标内容反馈至专家手中，并且由专家给出具体意见并进行专家打分，在第二轮专家函询问卷全部回收之后，再对具体指标进行全面修正。

3.形成完善的评价指标体系

通过德尔菲法筛选出与新工科背景相适应的计算机课程思政教学评价指标条目，以此为立足点，将指标条目进行有效细化，根据其权重分别明确相应的二级评价指标和三级评价指标，以确保新工科背景下计算机专业课程思政教学全过程始终处于最佳状态，为计算机专业人才高质量培养提供强有力的保证。新工科背景下计算机专业课程思政教学评价指标体系见表6-1。

表6-1 新工科背景下计算机专业课程思政教学评价指标体系

一级评价指标	二级评价指标	三级评价指标
课程思政建设的目标与理念	课程目标的定位	与教育部《高等学校课程思政建设指导纲要》所提出的总体要求保持高度一致
		有效契合计算机专业人才培养方案所提出的总体要求
		知识、能力、素质、思政四个维度课程目标并存
		全面实现计算机专业课程思政育人功能最大化
		课程教学活动充分体现计算机职业道德要求
	课程建设的总体理念	将"立德树人"根本任务贯穿计算机专业课程的每一个细节
		将"育人"和"育才"作为课程思政建设的根本理念
		打造理想的课程思政建设氛围并确立计算机课程思政改革长效机制
课程师资队伍	教师队伍的整体构成	有关负责人保持强烈的课程思政意识和先进的课程教学理念
		专业教师总人数能够满足计算机专业课程思政教学需要并具有稳定性
		师资队伍年龄结构、支撑结构、学历结构的高度合理性
		思政课程教师积极参与并提供课程思政辅导
	教师队伍整体思政素养	始终坚持正确的政治立场并有着坚定的政治信仰
		时刻关注并且深入学习党的新思想和新理念
		能够有效挖掘、整理、提炼专业课程教学中所蕴含的思政元素

续　表

一级评价指标	二级评价指标	三级评价指标
课程资源	课程教材	教材必须选用国家最新版的规划教材
		教材所传递的信息和主要观点必须符合当今国家意识形态总体要求
		始终以教学实践为基础，开展与专业课程思政教学目标相符合的教材或教辅资料编写工作
	思政素材资源库	思政元素资源库必须保证高度的系统化和资源的丰富性
		思政素材的更新程度和使用便捷程度应做到实时提升
教学实施过程	课程教学安排	专业课程的理论课与实践课学时合理分配
		教学进度要与学生学习的整体情况相符
		课堂教学与课后学习始终有教师为学生答疑解惑
	课程教学内容	课程教学始终注重理论联系实际且是时代主题的客观反映
		始终围绕政治认同感的培养、家国意识的树立、品德修养的提升、健康人格的养成、科学精神的建立、专业伦理的深化等方面优化课程教学内容供给方案
		思政元素与计算机专业课程知识保持紧密结合
		思政素材与计算机专业课程知识的配比合理
	课程教学方法	通过多样化的思政元素呈现形式来增强学生学习体验感
		教学方法高度灵活，能够充分突出学生在课程思政教学活动中的主体性
		教学活动能够启发学生思维，并且能够增强师生间互动交流
		高效使用现代教育技术实现理论知识和实践育人紧密结合
	课程考核	专业知识考核与思想政治素质考核的相互结合
		课程教学全过程贯彻过程性和总结性考核相结合的思想
		课程考核的主体要保持多元化（教师与学生）
		课程考核的形式要保持多元化并不断提升考核的信度和效度

一级评价指标	二级评价指标	三级评价指标
教学效果呈现	学生学习行为	始终保持较高的课堂学习出勤率
		课堂学习的精神面貌和状态始终良好
		课堂学习中能够积极参与讨论并踊跃思考和回答教师提出的问题
		能够按时、保质、保量地完成教师所布置的各项作业
	学生学习成果	能够熟练掌握并且有效运用课堂所学的理论知识
		能够熟练掌握计算机专业的各项操作技能
		综合能力（包括团队协作能力、与他人的沟通能力等）得到全面锻炼和增强
		职业素养的发展空间始终处于最大化（职业信念和职业认同感的不断增强）
		始终保持浓厚的学习兴趣和积极的学习态度
		能够深刻认识课程思政教育的重要性与必要性

由表 6-1 可知，新工科背景下计算机专业课程思政教学评价工作的全面开展应从课程建设、师资队伍建设、课程资源建设、教学实施过程、教学效果呈现五个维度入手，确保课程思政教学整体质量得到全面客观的呈现，评价过程与结果能够为全面优化该专业课程思政教学改革方案提供重要的指导依据。

其中，课程思政建设、师资队伍建设、课程资源建设维度的评价以"软环境"为视角，对计算机专业课程思政教学的软环境作出系统性评价，是新工科背景下全面提高计算机专业课程思政教学效果的基础所在。教学实施过程维度的评价以教学实践为视角，对教学目标、内容、方法、考核的合理性作出系统性评价，这是课程思政教学效果得以呈现的必要前提条件，也是新工科背景下计算机专业课程思政教学得以全面深化落实的重要保证。教学效果呈现维度的评价以学生为评价对象，对学生的学习效果进行系统性的评价，充分反映该专业课程思政教学全过程能否吸引学生，课程考核能否实时反映学生专业课程学习的状态和精神面貌，这不仅是对新工科背景下计算机专业课程思政教学实践成果的肯定，更是对其全面深化改革的一种有效激励，为其教学的持续改进与创新提供客观依据。

第七章　新工科背景下计算机专业课程 思政教学改革与实践展望

随着时代发展步伐的不断加快，新工科背景下计算机专业课程思政教学改革与实践显然要与之保持同步，以确保计算机人才培养的过程与结果始终与国家人才需求相一致。其未来发展应从以下五个方面着手。

第一节　持续增强学生主流意识的认同感教育

在国家全力推进新工科建设与发展的道路上，课程思政教学改革必须与之保持步伐一致，确保"立德树人"理念在新兴产业人才培养中发挥重要的推动作用，为国家新兴战略深化落实培养出更多高质量、高素质人才。因此，计算机专业课程思政教学在未来改革与发展道路上，必须将持续增强学生对主流意识的认同感教育放在重要位置，确保国家始终能够有效应对全球新科技变革和产业变革所提出的严峻挑战。

一、引导学生抵制错误社会思潮以确保课程思政教学始终有鲜明的社会主义特色

随着中国特色社会主义新时代的开启，中国经济新增长点不断涌现，产业转型升级的步伐也在不断加快，新兴产业蓬勃发展之势已经呈现在世人面前，这一伟大成就显然要归功于中国共产党的正确领导和全国人民为之不懈的努力奋斗，尤其在科技创新领域起到了强大的支撑与推动作用。

在高质量发展的道路上必然存在竞争，经济领域如此，科技创新领域更是如此。中国经济正处于发展快车道，具有又好又快和可持续等显著特征，在国际领域也拥有极为明显的核心竞争力。其中，科技创新所提供的推动力和保障力是关键所在。在时代发展大环境下，诸多错误的社会思潮纷纷涌现，这无疑会对中国经济的国际竞争力产生严重影响。

在新工科背景下计算机专业课程思政教学改革过程中，教师要有效引导学生抵制错误社会思潮，让学生深刻感知中国特色社会主义新时代经济发展的优势所在，从而更加深刻地意识到新兴产业未来的发展潜力和前景，不断加深学生对所学专业与我国当前经济建设高速发展之间关系的理解和认识，帮助学生从专业学习的角度来认同中国特色社会主义，并能够树立自身发展与计算机科学技术发展紧密联系在一起的观念，要为后者发展得又好又快而

不懈努力奋斗，进而正确树立大局意识。

在党的二十大报告中，习近平总书记强调："建设具有强大凝聚力和引领力的社会主义意识形态。"将主流意识形态融入大学生的专业课程，是思政课创新发展的重要内容，也是社会主义意识形态建设的重要举措。新时代推动计算机专业课程思政教学高水平发展，能够增强新时代青年对主流意识形态的认同，凝聚"价值最大公约数"，实现主流意识形态对多样化社会思潮的统领，画出"理想信念同心圆"。

新工科背景下计算机专业课程思政建设在直面时代变迁的基础上应及时回应社会思潮演变带来的机遇与挑战。课程思政要旗帜鲜明地用"主流声音"占领"主阵地"，立场坚定地清除意识形态领域出现的各种"噪声"。以马克思主义求真务实的态度，结合社会发展现状，在同各类错误社会思潮作斗争的基础上引领社会主流意识形态，在社会主义意识形态理论和实践创新中进一步丰富和发展马克思主义。

其间，计算机专业课程思政教学需强化社会主义新时代科技文化创新，坚持道路自信、理论自信、制度自信、文化自信，进一步增强学生主流意识形态认同。新工科背景下计算机专业课程思政教学要始终传承中华传统文化，坚持古为今用、推陈出新，做到以文化人、以文育人，将社会主义先进文化建设融入计算机专业课程思政教学全过程，坚定民族共同追求的文化自觉和文化自信，引领社会思潮。

二、围绕计算机专业学生普遍关注的社会思潮正确引导学生建立思想认同

毋庸置疑，在新工科背景下计算机专业课程思政教学活动中，对学生思想意识、价值观念、道德素养的全面领导是一项系统工程，需要结合时代发展大环境对学生的影响，有针对性地对学生加以引导和启发，不断增强学生对专业发展的认同感和正确思想价值观念的认同感，最终实现计算机专业课程思政教学的目标与任务的高质量完成。

始终围绕学生普遍关注的社会思潮，通过发挥微信、微课和微博等"微宣传"等思想工作平台在引导网络舆论方面的优势作用，有效传播主流思想。关注"微时代"具有价值内涵的话语方式，丰富高校思政课引领社会思

潮中的话语方式，推动话语表达的时代化、大众化和通俗化，增强该专业课程思政教学的亲和力。

除此之外，还要强调对学生社会思潮引领方式的创新，充分结合时代发展要求和该专业课程发展需求，实现课程思政教学工作"润物无声"的效果最大化。新工科背景下计算机专业课程思政教学应充分利用网络平台，拓展思想政治教育的广度和深度，创新网络宣传形式，提升正面舆论引领效能，引导网络空间多元意见表达持续推动网络"最大变量"向助力意识形态建设"最大增量"转化。

三、全面加强社会主义核心价值观教育引领学生思想认同感的形成过程

在新工科背景下计算机专业课程思政教学活动中，必须深入贯彻立德树人根本任务，确保学生在深刻认知"何为人"的基础上，明确"何为才"，深刻理解"先为人""后为才"的道理，让学生能够以正确的思想观念、价值观念、道德观念看待当下自身成长之路，以及未来发展之路。

在国家层面、社会层面及个人层面引导学生树立正确的价值观念，认识到国家、社会的重要性和个人发展之间的关系所在，同时逐渐形成并坚定自己正确的思想观念和道德观念，成为对国家、对民族、对社会发展有用的新兴产业人才。

新工科背景下计算机专业课程思政教学通过提高社会主义核心价值观融入的深度和广度，弘扬社会主旋律，凝聚社会正能量。以科学理性的方式对待社会思潮，对学生进行批判性引导，积极推动主流的社会思潮，同时抵制那些具有明显意识形态渗透的非主流社会思潮。在主流意识形态发挥主导作用的同时，需要将理论与实际相结合，坚持主流意识形态的方向性和社会主义核心价值观的导向性，将主流意识形态与学生的现实生活有机结合，从而更广泛地凝聚学生的思想共识，提升主流意识形态的公信力。

新工科背景下计算机专业课程思政教学是落实立德树人根本任务的关键工程，也是宣传社会主义意识形态的主渠道。计算机专业课程思政教学通过系统化理论教育，引导学生科学地剖析多元社会思潮的本质内涵和理论内核，提高学生运用马克思主义唯物史观研判和抵御错误社会思潮的能力，增

强学生的社会主流意识形态认同感，培养学生的理性思维和科学观念。以学生思想需求为基点，根据时代发展创新方式、方法，确保课程思政教学在引领社会思潮过程中的"针对性""精准性"，不断增强新工科背景下计算机专业课程思政教学的时代感。

在课程思政教学增强新时代青年主流意识形态认同感的过程中，主流意识形态主导的社会思潮与非主流意识形态主导的各类社会思潮相互影响。课程思政教学应广泛研究各类社会思潮，直面不良社会思潮给青年学生带来的各种问题，为青年学生答疑解惑，增强青年学生对主流意识形态认同，提高青年学生同错误社会思潮进行斗争的政治自觉、思想自觉和行动自觉。

第二节　持续深挖和实时更新思政元素

思政元素的实时更新对计算机专业学生思想价值观念的与时俱进起到关键的推动作用，可促进学生专业领域成长、未来可持续性发展。本节将立足这一方面，对未来计算机专业课程思政元素持续挖掘和实时更新的方法加以阐述。

一、深挖思政元素要坚持与时俱进

计算机专业课程思政的教学成效与思政元素联系密切，思政元素挖掘是计算机专业课程思政教学方法改革与实践的关键点。教育部于 2020 年 5 月印发的《高等学校课程思政建设指导纲要》提出，"深入挖掘课程思政元素，有机融入课程教学，达到润物无声的育人效果"。展望未来，新工科背景下计算机专业课程思政教学改革与实践之路必须秉承这一指示，持续深挖思政元素，全面落实"三全育人"，实现计算机专业知识传授、能力培养和价值塑造"三位"一体的教学目标。

计算机专业课程思政元素挖掘是一门科学，也是一门艺术，专业教师既要在主观方面具备进行课程思政教学的主动意识，又要在客观方面具备课程思政元素的挖掘能力。为了更好地提升计算机专业课程思政元素的挖掘质量以及后期的教学融入成效，各高校应当引导专业教师坚持与时俱进，充分利用各类资源深挖思政元素。

课程思政教育是高校为了适应一定历史时期党和国家以及社会对人才

的要求，根据具体实际情况和可能存在的问题对学生进行的针对性教育。然而，不同历史时期党和国家的工作重点、方针政策以及面临的国内外形势都有所区别，学生在不同历史时期需要接受的课程思政教育也不相同。为了实现对课程思政元素的持续挖掘，高校必须坚持与时俱进，实时更新思政元素。因此，高校在计算机专业课程思政元素的深入挖掘过程中，应时刻关注党和国家的中心任务，关注社会的现实需要，力求做到课程思政教学的适时、适度、适合。

此外，课程思政教育成效还受到学生对于课程思政元素的认知和接受水平的影响。在对计算机专业课程思政元素挖掘的过程中，高校要注重掌握并遵照不同时期学生的接受能力和兴趣点，在符合课程思政教育目标的前提下选择当代学生喜闻乐见和可理解性高的内容作为课程思政元素，让不同时期的课程思政教学与对应时期学生的特点相适应，这也是一种与时俱进。

二、善用红色资源更新思政元素

红色资源显然对学生理想信念的正确形成和价值观念的正确树立起到潜移默化的引导和启发作用。因此，在计算机专业课程思政教学未来发展过程中，应着重强调红色资源的合理使用，以达到有效更新思政元素的目的。

（一）红色资源是挖掘课程思政元素的重要来源

"以德育人"是高校人才培养的基本任务，其核心在于培养有新时代爱国主义精神、责任感和奉献精神的人才。通过课程思政教学引导计算机专业学生正确树立理想和信念，提高新时代计算机专业学生对的爱国主义认知，已经成为摆在高校面前的庄严而又迫切的课题。而红色资源为高校攻克这一课题提供了一条新的思路。

红色资源是指在中国共产党"为中国人民谋幸福，为中华民族谋复兴"的历史进程中所形成的三大层面形态总和。这三大层面包括物质层面、制度层面和精神层面。其中，物质层面包括革命遗址、革命遗迹、革命文物等，制度层面包括颁布的革命政策、革命动员、革命口号等，精神层面包括革命信念、革命精神、革命品质等。我国各高校都具有丰富而独特的红色资源，是挖掘课程思政元素的重要来源。

（二）红色资源融入课程思政的价值意蕴

红色资源包含着丰富的思政内涵、红色基因，具有价值导向功能，能够有效应用于课程思政教学中，培养学生的家国情怀，帮助学生坚定理想信念，践行"知行合一"。

1.爱国主义教育始终是人才培养中的重点，计算机专业学生也不例外

中国当代高等教育肩负的使命与任务就是要培养坚持党的信仰、坚持国家立场、厚植爱国主义情怀且对国情与社会有正确认识的高质量人才。新工科背景下计算机专业也要将培养学生爱国主义与强国之心贯穿于课程思政教学实践的全过程，而红色资源就是最好的教育内容，能够增强学生的民族意识，培养学生的家国情怀。

2.红色资源富有鲜明的精神意蕴

红色资源蕴含着历史，启迪着现在，甚至引领着未来。红色资源蕴含着价值极高的思政元素，是学生弥足珍贵的精神宝库。理想和信念是一个人的最高精神追求，也是一个人世界观、人生观和价值观的集中表现。红色资源与学生的理想和信念之间存在着强烈的内在统一。红色资源以其强大的意识形象号召力、精神呼唤力、实际行动引导力，对当代学生的理想和信念起到了强大的精神鼓舞作用。计算机专业课程思政教学可以从中挖掘思政元素帮助学生建立牢固的理想和信念，培育勇于担当复兴重任的新时代人才。

3.理论与实践相结合是红色文化极为鲜明的精神底色

理论与实践相结合是传承和弘扬红色文化的精髓所在。红色资源的利用有利于在计算机专业课程思政教学活动中提高学生德育成效。各高校应将红色资源融入计算机专业课程思政教学中，运用红色文化的中心思想培养计算机专业学生的"知"，利用红色文化精神影响计算机专业学生的"行"，使红色资源在计算机专业课程思政教学中发挥高质量的德育成效，促进学生践行"知行合一"。

（三）红色资源融入计算机专业课程思政教学的路径

红色资源融入计算机专业课程思政教学，包括"三个课堂"，即"第一课堂""第二课堂""第三课堂"。新工科背景下计算机专业课程思政教学要

统筹"三个课堂"，深入挖掘红色资源的思政元素，并实时更新计算机专业课程思政教学的内容与方式，构建全领域的教学场。

1.红色资源融入计算机专业课程思政"第一课堂"教学的路径

"第一课堂"指通常意义上的传统教学模式，即在教室上课，以提高教学质量为改革与实践方向。推动红色资源融入计算机专业课程思政"第一课堂"教学要做到以下两点。

（1）将红色资源融入计算机专业课程思政教材内容

课堂是课程思政教学和学生价值塑造的主阵地，课堂上所讲授的内容是灵活挖掘红色资源思政元素并将其融入教学的重要载体。因此，计算机专业课程思政教材内容可利用案例、问题解析等方式，巧妙地利用红色资源，让学生通过思考更加深入地提高思辨能力。

（2）将红色资源融入教师本人的文化素养和知识底蕴

教师是计算机专业课程思政教学的重要基础，教师的文化传播能力和综合实践能力是强化课程思政的关键。将红色资源融入计算机专业课程思政"第一课堂"教学的路径之一就是要加强师资队伍建设，鼓励广大教师采用灵活多样的教学方式进行课程思政教学，如运用红色英雄故事来创设教学情境，帮助学生获取课程知识，感受革命历史，培养其家国情怀与责任担当。高校应将红色资源思政素养引入教师评价机制中，充分调动教师挖掘红色资源思政元素的热情与主动性。

2.红色资源融入计算机专业课程思政"第二课堂"教学的路径

"第二课堂"，也称为实践课堂，是指以校内功能部室、体育场馆、社团活动场地、文化走廊与校外研学基地、爱国主义教育基地、文化馆、博物馆为活动载体，旨在培养学生综合实践能力的课堂。推动红色资源融入计算机专业课程思政"第二课堂"教学要充分利用红色场馆进行实践育人。

具体而言，计算机专业课程思政教学不能局限于传统课堂授课模式，仅仅停留在理论层面是不够的，还必须加强对计算机专业学生的课程思政实践教学，利用真实情境促使学生认识历史和社会，明确其承担的历史使命，从而坚定其理想信念。高校应通过在校内各场馆进行红色事迹宣传、举办红色社团活动、邀请相关学者开展红色讲座等方式在校内营造红色文化氛围，将红色资源的思政元素融入校园文化建设。专业教师通过组织学生游览红色场馆、寻找红色人物、设计红色旅游路线等方式，让学生学习前人的革命与艰苦奋斗精神，提升学生文化自信，使学生践行"知行合一"。

3.红色资源融入计算机专业课程思政"第三课堂"教学的路径

在信息网络日益发达的今天，高校教育日益受到网络的深度影响，"第三课堂"应运而生。"第三课堂"指网络课堂，即通过微博、微信、QQ 等社交渠道加强师生间的网络互动教学的课堂。将红色资源融入计算机专业课程思政"第三课堂"教学，要促进红色资源与校园网络平台相融合。

具体而言，专业教师可对向学生征集感兴趣的课程思政题目进行汇总，利用红色资源进行视频、音频录制，再借由网络课堂向学生讲解题目，以此直观呈现的方式让学生感受红色资源所包含的历史底蕴及精神内涵，引领学生树立正确的世界观、人生观、价值观。这是计算机专业课程思政教学模式的一种全新尝试。

综上所述，我国红色资源充裕，在革命文化中占有举足轻重的地位。新工科背景下计算机专业应结合各区域文化特色，打造红色资源与课程思政的融合机制，善用红色资源、弘扬红色传统、传承红色基因，持续深挖和实时更新思政元素，探索一条科学的计算机专业课程思政教学改革与实践路径。

第三节　教学实践深度聚焦国家新需求

新工科背景下计算机专业人才培养的最终目标就是让人才培养过程和结果始终能够满足国家新兴产业高质量发展的切实需要，为中国新经济发展提供重要的支撑条件。因此，在计算机专业人才培养过程中，既要做到深入落实立德树人的根本任务，又要确保高质量人才培养的过程与结果始终与国家发展的新需求相统一。这就需要当下乃至未来计算机专业课程思政教学实践活动必须始终深度聚焦国家新需求，并且以此为中心全面开展学生专业维度和思想价值维度的培养工作，力求通过高质量人才培养更好地服务国家新经济又好又快发展。下文将对这一观点作出系统性论述。

一、立足国家新需求全面开展计算机专业课程思政教学实践活动的必然性与紧迫性

作为新时期我国高等教育理念的创新发展，课程思政对于实施立德树人、新时代的全球化育人具有重要意义。习近平总书记在全国高校思想政治工作会议上强调，高校要重视思想政治工作，强调教学工作和高校教育要坚持以立德树人为中心，把思想政治工作贯穿教育教学全过程。自 2016 年以来，课程思政教育的主旨逐渐清晰。有学者提出了"适用于除思政课以外的其他课程"和"适用于所有课程"两种想法，但较为一致的观点是：思政课作为一种教学理念，要求高校教师重视知识传递和社会主义核心价值观的培养。换句话说，知识导向必须得到重要价值观的支持，在专业课程思政教学过程中专业教师要挖掘有价值的内容，让课程思政教学既能传授专业知识，又能为价值观指引正确的方向，将社会责任意识传递给新时代青年。2020 年教育部印发《高等学校思政课程建设指导纲要》，明确提出科学设计思政课程教育体系，推进思政课程建设课程设置结合专业特点，为思想政治课程的实践提供科学的理论建议。

综合来讲，在各学科中融入课程思政元素取得了丰富的成果，新工科背景下计算机专业课程思政教学同样收获颇丰。新时代，国民经济健康发展与新一代信息技术和计算机技术发展息息相关，将计算机专业课程教学与课程思政教学理念进行深度融合非常有必要，目前已有研究人员探索计算机专业公共课程和专业课程的思政教学。科技创新是中国经济创新发展和产业不断实现高质量转型升级的重要支撑条件，是突破一切经济发展瓶颈的关键力量，也是促进更多新经济增长点出现的重要条件。因此，在新工科背景下计算机专业课程教学实践活动中，必须紧紧围绕国家发展道路中的新需求，将计算机专业课程思政教学实践工作的开展视角严格落在立德树人这一根本任务上，对课程思政元素融入计算机专业教学进行积极探索，将时代背景与所学知识点进行有机结合，使学生通过思政元素的感悟掌握知识的理论与现实含义，增强责任感和使命感，最终成为国家的栋梁之材。

二、聚焦国家发展新需求全面开展计算机专业课程思政教学实践活动的关键

自中国共产党第十八次全国代表大会胜利召开以来，我国研究确立了一系列国家发展战略，如长江经济带发展、黄河流域生态保护和高质量发展、京津冀协同发展、粤港澳大湾区建设等。国家强力推荐区域发展战略，配合乡村振兴战略努力推进我国新时代现代化经济结构建设，实现更加平衡和全方位立体化全区域发展的重要内容，完善以大循环模式为核心构建内部经济发展、以双循环的国内国际模式推进经济发展大格局的国家战略路径。

新一代信息技术和计算机技术在上述国家战略发展区域的推进与实施中均发挥着重要的作用。纵观全球，国家和地方经济发展、城市与地区的智能化改造与计算机技术和信息技术密不可分，重大计算机科学技术创新成果的全面应用正不断重塑城市形态和重构区域空间，因此科技创新是服务国家各项战略决策的基础理念。

人工智能、大数据、云计算、虚拟现实、工业互联网等技术是国家新兴战略的重要组成部分，为国家科技发展起到至关重要的支撑作用。与此同时，新一代信息技术与计算机技术蓬勃迅速发展是当今社会关注的重点，这些新兴技术是国家高质量发展的重点。

以满足国家需求为目标，紧密围绕立德树人这一根本任务，始终贯彻课程思政教育理念，抓住这一发展机遇，我们迎来了课程思政教学改革的挑战。在全面建设社会主义现代化国家的新发展阶段，以及国内外科技与产业深刻变革的时代背景下，计算机专业课程建设正迎来难得的发展机遇。在课程思政教学实践活动的规划与组织方面，不仅要紧扣国家发展道路中最迫切的人才需求方向，紧跟计算机领域时代发展的大趋势确定主题和活动开展形式，还要将计算机领域极具影响力的专家或学者作为教学实践活动的参与主体，确保能够从时代发展层面、国家战略层面、民族复兴层面、社会可持续发展层面入手，帮助学生树立崇高的社会责任感和使命感，为国家发展贡献力量。

第四节　教学实践更深层次强调显性教育与隐性教育的互补性

从课程教学形式的基本构成来看，显性教育和隐性教育无疑是两个分支。这两种教育形式的作用和价值都极为明确，对其加以合理利用必然能够使教学效果理想化。新工科背景下计算机专业课程思政教学改革更要强调教学实践活动做到显性教育与隐性教育的深层次互补。

一、高校思政教学的显性教育与隐性教育的关系

在高校思政教学过程中，显性教育与隐性教育之间既有各自独立的一面，也有互相影响的一面。

（一）显性教育和隐性教育各自独立

显性教育与隐性教育均属高校思政教育方法论系统范畴，是两种截然不同的教育形式与方法，各自具有独立性，这种独立性既体现在显性教育与隐性教育应用的具体场景和途径上，也体现在教育的不同成效与作用等方面。

（二）显性教育和隐性教育互相影响

高校思想政治教育工作中显性教育和隐性教育既相互渗透，又相互强化。就目前高校思想政治教育实践而言，显性教育具有主导性，但是显性教育的教学实践本身就渗透着隐性教育，反之亦然。在课程思政教学过程中，教师以其人格魅力对学生进行指导实际上属于隐性教育；在校园文化育人过程中，思政元素就是一种显性教育内容。显性教育确定了隐性教育内容，隐性教育又加强了显性教育的目的，两者之间可以相互强化，在辩证统一中，促进课程思政教学成效的提升。

二、计算机专业课程思政教学实践要强调显性教育与隐性教育相统一

2019 年 3 月 18 日，习近平总书记在学校思想政治理论课教师座谈会上发

表重要讲话时指出，"要坚持显性教育和隐性教育相统一，挖掘其他课程和教学方式中蕴含的思想政治教育资源，实现全员全程全方位育人"。由此得出结论，重视显性教育与隐性教育相统一是做好新时期思政教学工作的重要方向。

强调显性与隐性教育相统一是计算机专业课程思政教学实践的基本形式，体现了马克思主义思想理论教育最本质的特征。高校教育环境中有许多隐性教育因素，这些隐性教育因素通过团体活动与社会关系自觉或不自觉地作用于学生的认知、规范、价值与态度等方面。虽然这些隐性教育因素没有体现在教学计划上，也没有通过正规显性教育教学活动来实施，但是它对于学生的信仰、行为与价值观等方面产生了潜移默化的影响。新时代计算机专业课程思政教学既要进行公开、直接的理论灌输，也要正视和重视其他因素的隐性作用，建设好课程思政的隐性教育途径，创造与显性教育方法相互补充的教育方法。

三、创新运用"从游"教育实现计算机专业课程思政教学显性教育与隐性教育的互补

"从游学堂"作为当今教育领域实现显性教育和隐性教育有效结合的全新教学形式，对学生的引导与启发能够实现直接与间接相融合，新工科背景下计算机专业课程思政教学改革应将其视为关注的重点之一。

（一）"从游"教育理念体现显性教育与隐性教育互补

"从游"是孔子所开创的私学教育的一大特色。"从游"教育提倡学生跟随教师，在日夜相处中学习教师渊博的学识和治学经验，在同游中受教师高尚的品行和人格风范熏陶，并通过自身的自省与自查，在积极实践中获得知识与德行的提升。在这整个过程中，教师直接传授道理与知识，这是显性教育，而学生在与教师的相处过程中潜移默化地向教师看齐，学习教师的品行，这属于隐性教育。由此可见，"从游"教育理念深刻体现了显性教育与隐性教育的互补性。

计算机专业课程思政教学实践要从更深层次来强调显性教育与隐性教育的互补性，创新地运用"从游"教育的各种形式，如开设"从游"讲堂，邀请人才培养与科学研究领域积累深厚的名家进入校园，讲述不同科目的知

识，让学生拥有更为宽广的知识面，使其思想维度更为综合。各学科之间不设界限，一个领域的专家开讲，其他专业的学生同样能参与学习，各抒己见，以"广"与"进"的姿态迎接所有求学听讲之人的讨论和进步。这种自由开放、不问出处的教学形式，能使学生获得更多受教育的机会，提高了新工科背景下计算机专业课程思政教学实践的开阔度。

（二）"从游"教育融入计算机专业课程思政教学的路径

为真正从更深层次强调显性教育与隐性教育的互补性，计算机专业课程思政教学应将"从游"教育融入教学的各个环节中。

1.发挥教师的精神引领作用

教师崇高的道德素养有助于培养学生健全的人格，严谨的治学态度有助于培养学生认真思考的观念。学生不仅能从教师身上直接学到专业知识，还能感受到深层的人文关怀，潜移默化地学习教师的优秀品格。

2.创设民主自由的学习环境

创设良好的学习环境是隐性教育的重要途径。知识的获得和品格的养成需要发挥学生的主观能动性。"从游"教育理念强调让学生处于一个轻松平等的环境中，充分调动学生学习的积极性和创造性，让学生主动求知问学，而非被动地接受现成知识。计算机专业学生已具有一定的独立自主性和积极创造性，具有相当的学习和探索能力。因此，计算机专业课程思政教学应充分创造宽松自由的学习环境，将教学过程定位于师生的交流与互动，观点的碰撞与争鸣，教学相长，师生共进，从而让计算机专业学生切实参与到课程思政教学活动中，勇于表达自己的观点，愿意与教师探讨辩难，自觉主动地去学习和成长。

3.拓展师生互动的方式

"从游"教育理念强调师生之间的良性互动，同游共学。"从游"教育融入计算机专业课程思政教学应从改善师生关系入手，拓展师生互动的方式，通过提高师生关系的质量来对课程思政的教学成效产生积极影响。如果师生之间的互动仅限于课堂教学的短暂交流，那么很难发挥出隐性教育的功能，无法使学生感受到教师更多的人格魅力和高尚品行。这一方面可与第三课堂的网络教学实践相结合，通过网络阵地创造更多的师生线上互动与交流机会，加强师生之间的了解，让师生之间建立更加深厚的情感连接。

第五节　依托循序渐进原则实现成果全面推广

众所周知，新工科背景下计算机专业课程思政教学改革的最终目的是对其成果进行全面推广，然而切实有效地达到这一目的并非易事，需要遵循"循序渐进"的基本原则，让成果推广的过程由局部到全面、由基础到专业，进而使成果推广的效果更加趋于理想化，课程思政教学"立德树人"和"三全育人"的理念也在该专业课程思政教学成果中得到全面体现，其在今后的具体操作如下。

一、基于课程思政教学实践中心的教学改革成果推广

在全面开展新工科背景下计算机专业课程思政教学改革实践活动全过程中，其课程思政教学改革实践成果的全面推广要以公共课程为着眼点，首先确保新工科背景下计算机专业课程思政教学改革实践成果的推广能够先实现全员化和全方位两项重要目标。

在此期间，要从三方面入手。首先，健全完善中心组织架构和运行机制，构建覆盖全方位、类型多样、层次递进、相互融合的课程思政体系；其次，培养一批师德高尚、育人能力突出的课程思政教师和团队，选树一批课程思政示范专业、示范课程，凝练形成从专业思政到课程思政的成功经验和改革范式；最后，建立计算机专业公共课程思政示范平台，打造系列化教学案例资源库，为学校、学院、专业、课程等层面提供示范和指导，形成共建共享机制。这样，不仅能让计算机专业公共课程思政教学团队、示范课程、教材案例、先进经验等实践成果在该专业公共课程教师队伍中广泛推广，更能为专业课程教师深度开展课程思政教学工作打下坚实基础。

二、基于课程思政教学科研中心的教学改革成果推广

在全面开展新工科背景下计算机专业课程思政教学改革工作过程中，课程思政建设与发展要深入贯彻"为党育人、为国育才"的重要理念，打造课程思政教学研究中心，并以此为基础，确保课程思政教学工作不仅贯穿公共

课程，而且全面贯穿专业课程，以此让课程思政教学成果伴随计算机专业课程教学全过程。

首先，在此期间，通过学校课程思政教学科研中心的三大运行机制，确保为课程思政教学改革所提出的高要求提供一份理想的答卷：一是全周期贯穿教师成长，二是全覆盖融入培养环节，三是全过程探索教学评价。依托教师课程思政能力培养活动的探索与优化、课程思政教学指导用书的开发、课程思政教学评价体系的构建与深化，力求新工科背景下计算机专业课程思政教学工作科研成果面向学生专业发展，将专业维度的指导和思想价值维度的引导在专业课程教学活动全过程之中形成深度融合。

其次，计算机专业课程思政教学科研中心应全面深化"专业教师课程思政意识的全面深化"和"课程思政元素的深入挖掘"两方面，建立与之相对应的科研部门，确保学校马克思主义学院领导和教师以及计算机专业各门课程任课教师能够成为科研部门的主干力量，以多方协同的方式进行调研，有效指导计算机专业课程教师高质量开展课程思政教学活动，让计算机专业课程思政教学改革成果不仅能在该专业公共课程中得以推广，更能在专业课程教学活动中得到普及。

最后，课程思政教学科研中心应全面加强计算机专业课程思政教学联盟的建设，形成科研与学术的共同体，通过虚拟教研室和共学共研的形式实现计算机专业课程思政教学成果的共享与推广，在展现课程思政教学成果的行业协同、交流示范、研究指导三项功能的同时，力求新工科背景下计算机专业课程思政教学改革成果得到最大限度的推广。

参考文献

[1]   叶勇，康亮. 新时代高职院校工科专业课程思政教育探索 [M]. 成都：西南交通大学出版社，2019.

[2]   童芸芸. 新工科背景下应用型人才培养教育研究及教学改革 [M]. 杭州：浙江大学出版社，2018.

[3]   马建辉，文劲宇. 新工科背景下专业课程思政教学指南 [M]. 武汉：华中科技大学出版社，2022.

[4]   王芳. 新工科背景下高校设计学科人才培养研究 [M]. 北京：中国原子能出版社，2021.

[5]   张志田. 新工科背景下高职院校工匠精神的培育与应用研究 [M]. 长春：吉林出版集团股份有限公司，2022.

[6]   童卫丰，施俊庆，陈钰. 新工科视域下课程思政建设的理论与实践探索 [M]. 杭州：浙江大学出版社，2022.

[7]   谷照亮. 个性化学习与课程思政的理论协同和实践创新 [M]. 北京：中国文史出版社，2022.

[8]   陆官虎. 高校课程思政工作建设研究 [M]. 长春：吉林大学出版社，2022.

[9]   吕云涛. 从理念到实践：当代高校课程思政路径探索 [M]. 长春：吉林大学出版社，2022.

[10] 王焕良，马凤岗. 课程思政：设计与实践 [M]. 北京：清华大学出版社，2021.

[11] 谢幸福. 新工科建设中的人才培养机制研究 [D]. 徐州：中国矿业大学，2022.

[12] 陈进进. 理工科"课程思政"教学优秀个案研究 [D]. 昆明：昆明理工大学，2022.

[13] 赵岱玥. 新工科大学生科学精神培育研究 [D]. 太原：太原理工大学，2021.

[14] 郑宇航. 高校课程思政教学评价指标体系构建研究 [D]. 重庆：西南大学，2021.

[15] 俞勇. "新工科"背景下应用型工程人才培养研究 [D]. 福州：福建工程学院，2021.

[16] 罗晓琴. 高校"课程思政"与"思政课程"协同模式研究 [D]. 长沙：长沙理工大学，2020.

[17] 张华. 高校课程思政内涵建构及实践路径研究 [D]. 南京：南京医科大学，2020.

[18] 谢慧. 新工科理念融入《思想道德修养与法律基础》课研究 [D]. 哈尔滨：哈尔滨理工大学，2019.

[19] 贺栎蓉. 新工科背景下高等工程教育课程设置研究 [D]. 天津：天津大学，2018.

[20] 张孟芳. 面向"中国制造 2025"的高等工程教育转型困境研究 [D]. 武汉：武汉理工大学，2018.

[21] 吴佩育，张艳青. 新工科背景下高校理工类专业课程思政探析 [J]. 衡水学院学报，2023，25（1）：61-64.

[22] 翟持. 新工科背景下的课程思政教学改革——以化工过程分析与合成课程为例 [J]. 化工高等教育，2022，39（6）：75-79.

[23] 黄锁明，李丽娟. 新工科课程思政教学存在的问题与对策 [J]. 教育理论与实践，2022，42（36）：39-42.

[24] 夏春明，金晓怡，张航. 新工科背景下地方应用型高校"课程思政"探索与实践 [J]. 东南大学学报（哲学社会科学版），2022，24（S2）：5-7.

[25] 赵静静，潘益婷，钱冬云. "新工科"背景下课程思政建设探索与实践——以软件技术专业为例 [J]. 浙江工贸职业技术学院学报，2022，22（4）：7-10，22.

[26] 孔丽丽，卢飒. 新工科 + 课程思政新形态课程建设路径研究 [J]. 高教学刊，2022，8（S1）：5-8，13.

[27] 朱俊. OBE 理念下，新工科院校课程思政教学策略研究 [J]. 湖北开放职业学院学报，2022，35（23）：100-102.

[28] 李琼，马逊，王云峰，等. 新工科背景下中华优秀传统文化融入课程思政教育的探索 [J]. 科教文汇，2022（22）：33-36.

[29] 武兴睿. 基于课程思政为导向的大数据专业核心课程建设研究 [J]. 产业与科技论坛，2022，21（22）：146-147.

[30] 彭立威，施晓蓉. "新工科"背景下课程思政建设"四全覆盖"模式的探索 [J]. 国家教育行政学院学报，2022（11）：63-70.

[31] 李高扬，刘明广，张明媚. "新工科"视域下工程管理专业课程思政育人模式研究 [J]. 教育观察，2022，11（25）：67-69，73.

[32] 蒋翠玲，万永菁，朱煜，等. 基于华为"智能基座"计划的项目式教学实践——以机器视觉算法实训课程为例 [J]. 化工高等教育，2022，39（4）：24-30，92.

[33] 袁丁，张弘，罗晓燕，等. 新工科背景下"数字图像处理"课程思政教学探

索 [J]. 中原工学院学报，2022，33（4）：31-35，90.

[34] 李漫红，于三三，母继荣，等. 新工科背景下理工科课程思政教学的优化策略 [J]. 辽宁科技学院学报，2022，24（4）：55-58.

[35] 颜珍平，颜谦和，刘志成. 新工科背景下物联网技术概论课程思政教学研究与实践 [J]. 电脑与电信，2022（8）：15-19，31.

[36] 韩鹏，李岩，沈岩莉，等. "一芯双环"新工科课程思政建设模式的探究与实践 [J]. 电脑与信息技术，2022，30（4）：82-84.

[37] 李晓英，何首武，陈佳，等. 面向新工科的 Python 程序设计课程思政教学探索 [J]. 软件导刊，2022，21（7）：98-102.

[38] 谭兴国，李晓红，赵正强，等. 新工科背景下人工智能导论课程思政建设探索 [J]. 高教学刊，2022，8（18）：186-189.

[39] 孙平，姜丹，唐非，等. 新工科人工智能人才培养的专业课程思政探究 [J]. 教育教学论坛，2022（23）：153-156.

[40] 武怡琼，房爱青，张鹏，等. 课程思政框架下软件需求工程教学模式探索与实践 [J]. 计算机教育，2022（5）：51-54.

[41] 周学花. 新工科与课程思政融合的教学改革 [J]. 北华航天工业学院学报，2022，32（2）：30-32.

[42] 薛慧君，刘鑫，侯雨丰. 课程思政与专业认证协同育人下钢结构课程教学模式探索 [J]. 科教文汇，2022（8）：78-81.

[43] 陈秋莲，吴旭，孙宇，等. 融入课程思政的计算机系统能力培养途径探索 [J]. 计算机教育，2022（4）：29-32.

[44] 刘国龙，孙上敬. "新工科"课程思政的育人意蕴与教学实践研究 [J]. 学校党建与思想教育，2022（7）：46-49.

[45] 王赛娇. 新工科愿景下高校课程思政协同改革探究 [J]. 佳木斯职业学院学报，2022，38（4）：34-37.

[46] 王罗俊，张伟中，胡金华，等. 新工科专业课程思政教学实践策略研究——以工业机器人技术课程为例 [J]. 办公自动化，2022，27（6）：28-30，49.

[47] 王罗俊，张伟中，胡金华，等. 新工科课程思政沉浸式体验教学研究——以自动线与机器人工作站系统集成技术课程为例 [J]. 办公自动化，2022，27（5）：9-12.

[48] 贾惠珍，王同罕，高永平，等. 新工科背景下计算机专业的课程思政教学探

索——以"计算机组成原理"课程为例 [J]. 东华理工大学学报（社会科学版），2022，41（1）：66-69.

[49] 潘可耕，吴长伟，刘超，等. 新工科专业编程基础课程群课程思政教学改革探索与实践 [J]. 黑龙江工程学院学报，2022，36（1）：83-86.

[50] 苏秋仁，李深旺，张庆莹. "新工科"背景下工科类课程思政方法刍议 [J]. 科教导刊，2022（5）：106-108.

[51] 卢爱新，丁梧秀. 新工科背景下工科专业课程思政建设的思考与探索 [J]. 洛阳理工学院学报（社会科学版），2021，36（6）：88-92.

[52] 廖丽嵘. 新工科背景下操作系统课程思政教学探究 [J]. 韶关学院学报，2021，42（12）：72-76.

[53] 宁宇，张昂. 新工科专业实践类课程中融入思政元素的探索——以"电子竞赛培养与实践"课程为例 [J]. 济南职业学院学报，2021（6）：82-86.

[54] 钟妮. 新工科背景下计算机基础课程思政建设研究 [J]. 电脑知识与技术，2021，17（35）：266-268.

[55] 罗莉霞. 新工科背景下数据挖掘课程思政教学改革研究 [J]. 林区教学，2021（12）：25-28.

[56] 王文乐，蒋长根，桂小林，等. 融入思政元素的软件类专业课程思政改革与实践——以《面向对象的设计与分析》为例 [J]. 产业与科技论坛，2022，21（1）：110-111.

[57] 唐英，王梅. 基于内容分析法的"四新"课程思政建设目标研究 [J]. 教育教学论坛，2021（48）：141-144.

[58] 李晋馥，曹树谦. 新工科背景下专业基础课的课程思政建设路径 [J]. 天津大学学报（社会科学版），2021，23（6）：488-492.

[59] 庞新民. 新工科背景下《人工智能与智能制造》课程的思政教学探索 [J]. 中国设备工程，2021（21）：238-239.

[60] 余波，罗莉霞，易晨晖. 新工科建设背景下 Python 程序设计课程教学改革与实践 [J]. 计算机教育，2021（11）：80-84.

[61] 陈琳，彭均国. 新工科"课程思政"路径创新及形塑评价研究 [J]. 中国轻工教育，2021，24（5）：7-13.

[62] 王楠，尤建祥，王晶晶. 新工科背景下核心素养培养与课程思政协同育人研究 [J]. 装备制造技术，2021（10）：178-179，217.

[63] 应毅，任凯，李晓明. 应用型本科新工科专业人工智能模块课程建设 [J]. 智能计算机与应用，2021，11（10）：131-133，138.

[64] 郭雨，陈君华，宋常春，等. 构建多维度课程思政融合的新工科"专业课程+"教学模式的探析 [J]. 安徽化工，2021，47（5）：146-149，152.

附录一：新工科背景下计算机专业课程思政教学评价指标体系构建——专家函询信

××先生（女士）：

为了深入贯彻落实习近平总书记关于教育的重要论述和全国教育大会精神，我校全面开展新工科背景下计算机专业课程思政教学改革研究工作，希望您能参与有关课程思政教学评价指标体系构建工作，请回函告知。

一、专家基本情况调查表

1. 您是否愿意参与此次教学评价指标体系构建工作？

2. 您的工作单位是：_____。

3. 您的年龄是：_____。

4. 您的工龄是（   ）。

A. 10～15 年

B. 15～20 年

C. 20～25 年

D. 25～30 年

E. 30 年以上

5. 您的最高学历是（   ）。

A. 本科

B. 硕士

C. 博士

D. 其他

6. 您目前的职位是：_____。

7. 您目前所从事的专业是（　　）。

A. 网络工程

B. 软件工程

C. 通信

D. 网络与信息安全

8. 您从事该领域的时间有多久了？

9. 您目前的职称是（　　）。

A. 教授

B. 副教授

C. 讲师

D. 助教

二、专家对各类指标的熟悉程度调查表

10. 您对本次函询指标熟悉程度（　　）。

A. 很熟悉

B. 一般熟悉

C. 不熟悉

D. 很不熟悉

11. 您的电子邮箱和电话号码：_____。

三、专家对各类指标的判断依据

12. 实践经验（　　）

A. 完全依靠实践经验判断各类指标

B. 偶尔会根据实践经验判断各类指标

C. 不根据实践经验判断各类指标

13. 理论依据（　　）
A. 完全以理论依据判断各类指标
B. 偶尔参考理论依据判断评价指标
C. 不参考理论依据判断各类指标

14. 国内外参考文献（　　）
A. 完全以参考文献判断各类指标
B. 偶尔会结合参考文献判断各类指标
C. 不结合参考文献判断各类指标

附录二：新工科背景下计算机专业课程思政教学评价指标体系构建第一轮专家函询问卷

尊敬的专家：

您好！

我们是湖北 ×× 大学研究人员，正在进行一项"新工科背景下计算机专业课程思政教学改革与实践研究"的课题研究。为了修订课程思政教学评价指标体系内容，拟通过以征求专家意见的方式来进行。我们编写了一份问卷，期待您的指导和支持。

本研究第一步进行的是方案构建中的专家咨询程序，鉴于您在本专业的学术影响力以及在计算机科学领域的学识和成就，我们诚挚地邀请您担任本次问卷的咨询专家！敬请您在百忙之中给予指导和帮助，以便为本方案的建立提供更具学术性、规范性和权威性的依据，对此我们表示最真诚的感谢！

填表说明：

（1）条目维度评价。条目重要性评价分为很重要、重要、一般、不太重要、不重要五个等级，分别赋予分值为5分、4分、3分、2分、1分。若您认为该内容不合适、表述不正确或者应该删去，请在备注栏目内注明；若您认为需要增加项目，请在表格空白处添加。

（2）问题的熟悉程度评价分为熟悉、比较熟悉、一般熟悉、不太熟悉、不熟悉，相应分值分别为5分、4分、3分、2分、1分。请您对该问题的熟悉程度进行判断，在相应的栏目中打"√"。

（3）判断的主要依据及影响程度是根据临床实践、理论分析、国内外文献和主观判断而定的，影响程度分别为大、中、小，相应分值分别为3分、2分、1分。

一级指标专家函询表

一级指标	很重要	重要	一般重要	不太重要	不重要
课程思政建设的目的	（　）	（　）	（　）	（　）	（　）
课程思政建设的理念	（　）	（　）	（　）	（　）	（　）
课程思政师资队伍建设	（　）	（　）	（　）	（　）	（　）
课程思政教学过程	（　）	（　）	（　）	（　）	（　）
课程思政教学效果	（　）	（　）	（　）	（　）	（　）
课程思政教学反思	（　）	（　）	（　）	（　）	（　）
专家修改意见					

二级指标专家函询表

二级指标	很重要	重要	一般重要	不太重要	不重要
课程目标的定位	（　）	（　）	（　）	（　）	（　）
课程建设的总体理念	（　）	（　）	（　）	（　）	（　）
教师队伍的整体构成	（　）	（　）	（　）	（　）	（　）
教师队伍整体思政素养	（　）	（　）	（　）	（　）	（　）
课程教材	（　）	（　）	（　）	（　）	（　）
思政素材资源库	（　）	（　）	（　）	（　）	（　）
课程教学安排	（　）	（　）	（　）	（　）	（　）
课程教学内容	（　）	（　）	（　）	（　）	（　）
课程教学方法	（　）	（　）	（　）	（　）	（　）
课程考核	（　）	（　）	（　）	（　）	（　）
学生学习行为	（　）	（　）	（　）	（　）	（　）
学生学习成果	（　）	（　）	（　）	（　）	（　）
教师教学行为	（　）	（　）	（　）	（　）	（　）
教师教学成果	（　）	（　）	（　）	（　）	（　）
专家修改意见					

三级指标专家函询表

三级指标	很重要	重要	一般重要	不太重要	不重要
教学目标高度满足教育部提出的有关要求	（　）	（　）	（　）	（　）	（　）
以课程思政育人功能的最大化为教学定位	（　）	（　）	（　）	（　）	（　）
"立德树人"理念在课程思政教学中的贯穿	（　）	（　）	（　）	（　）	（　）
课程思政教学文化氛围的建设与优化	（　）	（　）	（　）	（　）	（　）
"育人"理念的坚持	（　）	（　）	（　）	（　）	（　）
教师强烈的课程思政意识	（　）	（　）	（　）	（　）	（　）
教师队伍人员构成的稳定性	（　）	（　）	（　）	（　）	（　）
对思政课程元素的深度挖掘	（　）	（　）	（　）	（　）	（　）
教材与大政方针相统一	（　）	（　）	（　）	（　）	（　）
资源获取与使用的高度便捷	（　）	（　）	（　）	（　）	（　）
教学安排与学情相适应	（　）	（　）	（　）	（　）	（　）
教学方法兼具"润心"和"启智"	（　）	（　）	（　）	（　）	（　）
将过程性考核作为唯一选择	（　）	（　）	（　）	（　）	（　）
学生呈现理想的课堂学习状态	（　）	（　）	（　）	（　）	（　）
专家修改意见					

附录三：新工科背景下计算机专业课程思政教学评价指标体系构建第一轮专家访谈提纲

一、基本信息

1. 性别：_____

2. 年龄：_____

3. 工作单位：_____

4. 职称：_____

5. 所在的学术领域或专业领域：_____

二、访谈内容

1. 计算机专业课程思政在全面贯彻"立德树人"理念过程中，您认为哪些方面更重要或同等重要，为什么？

2. 在二级指标中，您认为在新工科背景下计算机专业课程思政教学改革过程中，明确课程目标的定位至关重要，为什么？

3.在二级指标中，您认为教师教学行为和教学成果不应作为二级指标出现，为什么？

4.在三级指标中，您认为思政资源的获取还可以从哪些方面入手？

附录四：新工科背景下计算机专业课程思政教学评价指标体系构建第二轮专家函询问卷

尊敬的专家：

您好！

我们是湖北 ×× 大学研究人员，正在进行一项"新工科背景下计算机专业课程思政教学改革与实践研究"的课题研究。为了修订课程思政教学评价指标体系内容，拟通过以征求专家意见的方式来进行。我们编写了一份问卷，期待您的指导和支持。

本研究第一步进行的是方案构建中的专家咨询程序，鉴于您在本专业的学术影响力以及在计算机科学领域的学识和成就，我们诚挚地邀请您担任本次问卷的咨询专家！敬请您在百忙之中给予指导和帮助，以便为本方案的建立提供更具学术性、规范性和权威性的依据，对此我们表示最真诚的感谢！

填表说明：

（1）条目维度评价。条目重要性评价分为很重要、重要、一般、不太重要、不重要五个等级，分别赋予分值为 5 分、4 分、3 分、2 分、1 分。若您认为该内容不合适、表述不正确或者应该删去，请在备注栏目内注明；若您认为需要增加项目，请在表格空白处添加。

（2）问题的熟悉程度评价分为熟悉、比较熟悉、一般熟悉、不太熟悉、不熟悉，相应的分值分别为 5 分、4 分、3 分、2 分、1 分。请您对该问题的熟悉程度进行判断，在相应的栏目中打"√"。

（3）判断的主要依据及影响程度是根据临床实践、理论分析、参考国内外文献和主观判断而定的，影响程度分别为大、中、小，相应分值分别为 3 分、2 分、1 分。

一级指标专家函询表

一级指标	很重要	重要	一般重要	不太重要	不重要
课程思政建设的目的	（　）	（　）	（　）	（　）	（　）
课程思政建设的理念	（　）	（　）	（　）	（　）	（　）
课程思政师资队伍建设	（　）	（　）	（　）	（　）	（　）
课程思政教学过程	（　）	（　）	（　）	（　）	（　）
课程思政教学的载体	（　）	（　）	（　）	（　）	（　）
课程思政教学效果	（　）	（　）	（　）	（　）	（　）
课程思政教学场地与设施	（　）	（　）	（　）	（　）	（　）
专家修改意见					

二级指标专家函询表

二级指标	很重要	重要	一般重要	不太重要	不重要
课程目标的定位	（　）	（　）	（　）	（　）	（　）
课程建设的总体理念	（　）	（　）	（　）	（　）	（　）
教师队伍整体思政素养	（　）	（　）	（　）	（　）	（　）
教师队伍的年龄构成	（　）	（　）	（　）	（　）	（　）
教师队伍的学历构成	（　）	（　）	（　）	（　）	（　）
课程教材	（　）	（　）	（　）	（　）	（　）
思政素材资源库	（　）	（　）	（　）	（　）	（　）
课程教学安排	（　）	（　）	（　）	（　）	（　）
课程教学内容	（　）	（　）	（　）	（　）	（　）
课程教学方法	（　）	（　）	（　）	（　）	（　）
课程考核	（　）	（　）	（　）	（　）	（　）

续　表

二级指标	很重要	重要	一般重要	不太重要	不重要
学生学习行为	（　）	（　）	（　）	（　）	（　）
学生学习成果	（　）	（　）	（　）	（　）	（　）
教师随堂点评	（　）	（　）	（　）	（　）	（　）
学生随堂评价	（　）	（　）	（　）	（　）	（　）
专家修改意见					

三级指标专家函询表

三级指标	很重要	重要	一般重要	不太重要	不重要
教学目标高度满足教育部提出的有关要求	（　）	（　）	（　）	（　）	（　）
以课程思政育人功能的最大化为教学定位	（　）	（　）	（　）	（　）	（　）
"立德树人"理念在课程思政教学中的贯穿	（　）	（　）	（　）	（　）	（　）
课程思政教学文化氛围的建设与优化	（　）	（　）	（　）	（　）	（　）
坚持先"育人"后"育才"的理念	（　）	（　）	（　）	（　）	（　）
教师强烈的课程思政意识	（　）	（　）	（　）	（　）	（　）
教师队伍人员构成、学历结构、支撑结构的高度合理	（　）	（　）	（　）	（　）	（　）
对思政课程元素的深度挖掘	（　）	（　）	（　）	（　）	（　）
教材和教学资源与大政方针相统一	（　）	（　）	（　）	（　）	（　）
资源获取与使用的高度便捷	（　）	（　）	（　）	（　）	（　）
教学安排以理论与实践相结合，并与学情相适应	（　）	（　）	（　）	（　）	（　）

续　表

三级指标	很重要	重要	一般重要	不太重要	不重要
教学方法灵活多样并能促进理论联系实践和师生活动的形成	（　　）	（　　）	（　　）	（　　）	（　　）
坚持过程性与结果性考核	（　　）	（　　）	（　　）	（　　）	（　　）
学生呈现理想的课上与课后学习状态	（　　）	（　　）	（　　）	（　　）	（　　）
专家修改意见					

附录五：新工科背景下计算机专业课程思政教学评价指标体系构建第二轮专家访谈提纲

一、基本信息

1. 性别：_____

2. 年龄：_____

3. 工作单位：_____

4. 职称：_____

5. 所从事的学术领域或专业领域：_____

二、访谈内容

1. 您认为在评价新工科背景下计算机专业课程思政教学过程与结果还应该从哪些方面入手，为什么？

2. 在二级指标中，为何要将教师年龄构成和学历构成放在教师队伍整体构成之中？

3.在二级指标中，为何将教师随堂点评和学生随堂评价放在学生学习成果指标之中？

4.在三级指标中，您认为还有哪些具体指标需要加以补充？